ゼロから始める！BtoB

法人営業マーケティング

株式会社 OfficeTV
代表取締役
藤原 智浩

産業能率大学出版部

はじめに

本書を手にしていただきありがとうございます。

僕はコンサルタントという仕事柄、普段から多くの方にアドバイスを求められます。

「どうすれば、法人開拓ができますか？」

おそらくあなたも、法人開拓のヒントになればいいなと思って、本を手に取ったのではないでしょうか

これまで僕は法人営業「未経験」、お金なし・コネなし・実績なしの状態から、6年間で1000社の法人を新規開拓。その後、法人コンサル「未経験」からコンサルティング会社を立ち上げ、4年目に社員ゼロで年商1億円を超えました。

今では基礎を作った前会社と現会社の仕組みで累計約2000社を開拓しています。

このように言うと「忙しいのでは?」と思われますが、そんなことはありません。

仕組みになっているので、好きなときに、好きな人と、好きなことを、好きなだけやれる人生を生きています。

そうした僕の経歴を知った方々から、冒頭の質問を受けるのです。

おそらく、これらの方々は、僕が何か「独自のノウハウ」を持っていると思われているのでしょう。そして、それを知りたいと思われているのでしょう。

ただ、誤解を恐れずに言うと、僕が法人開拓をするとき、特別なことはやっていません。

決めたルールに則って淡々とやっています。

例えば、あなたがこの本を手にした理由。

それは、【キーワード】です。

法人開拓をして売上を上げたいのであれば、あなたは、お客様に響くキーワードを使う必要があります。

少し考えてください。

あなたが、気になって仕方のない言葉とは何ですか。

その言葉を具体的に挙げてみてください。

そして、ビクン！　と反応する言葉とは何ですか。

決して、「新規営業にお困りではありませんか?」などの営業言葉ではないはずです。

おそらくここまで本書を読んでくれたあなたは、次のように聞くとビクンと反応すると思います。

「法人営業」

「BtoBマーケティング」

「法人開拓」

「法人コンサルタント」


これらの言葉には煽りも営業も全くありません。

しかし、反応してしまうのです。

これは、「網様体《もうようたい》賦《ふ》活系《かつけい》」と言われる体のシステムによるものです。私たちは見たいもの聞きたいもの「だけ」を選択する能力を持っています。

例えば、心理学で有名なカラーバス効果とも似ていますが、目をつぶって「ピンク色のもの」を、今すぐにあなたの周りから探してみてください。

普段は気づかないのに、意外とピンク色のものが周りに多いことに気がつくと思います。

なぜなら「ピンク」を意識したから。その途端に見つかるのです。

僕たちには「必要」なものだけをチョイスする能力があります。

そして、法人は個人とは違い、原則的に欲求ではなく「必要性」が購入の鍵となります。

だから、あなたは無理な営業言葉を使わなくても、必要性を感じている人の前にキーワードをちりばめた文字を置くだけで見つけてもらえるようになるのです。

それを、名刺やチラシ、提案書や広告などに応用していくだけです。

本書ではこのような法人開拓ルールを公開していきます。

僕はこのルールを知るまではテレアポを1日200件、1年間で5万件コールしましたが、契約は0件でした。

精神的にツライ営業をしていました。

そこから一念発起し、営業を極めようとしたらマーケティングにたどり着きました。

そして、マーケティングを極めようとしたら商品にたどり着きました。

『営業の極意とは何か？』

『マーケティングの極意とは何か？』

これらも本書で公開しています。

もし、まだ購入していないなら、立ち読みは終わりにして今すぐレジに本を持っていき購入してください。

この、法人開拓のルールを学び行動するだけで、ラクラク法人開拓ができるようになります。

つまり、あなたの会社の売上が上がって儲かったり、営業目標が達成できたり、時間に余裕ができます。

では、本文でお会いしましょう。

第1章

法人営業にマーケティングが必要な理由

なぜ、営業を極めようとしたらマーケティングにたどり着いたのか

まず、最初にお伝えしたいことがあります。

「マーケティング」


なぜ、タイトルにこの言葉を使ったのか。

その理由は法人開拓に使えるからです。

マーケティングの概念を入れると法人営業が楽になります。

もちろん、マーケティングという言葉は、ビジネスの世界にいるとよく耳にすると思います。ところが、その言葉の定義を理解している人は少ないのです。

その表れとして、会社組織の中に営業部はあってもマーケティング部がある会社は少ない。

無料で閲覧可能の百科事典サービスWikipediaでは、次のように定義されてい

ます。

マーケティング（英：marketing）は、価値あるプロダクトを提供するための活動・仕組みである。すなわち「顧客・クライアント・パートナー・社会にとって価値あるものを、創り伝え届け交換するための、様々な活動・プロセス・組織」がマーケティングと呼ばれる。

また、有名な経営学の権威、ピーター・ドラッカーは、『マネジメント』の中で「マーケティングの理想は、販売を不要にするものである」と述べています。

しかし、マーケティングをやれば販売が不要なのかというと、そうではありません。

特に、単価の高い法人ビジネスの場合は営業を介して購入する場合が大半です。

このようにマーケティングという概念は人によって異なるので、「売れる仕組みを作るもの」と理解している人も多いのです。

ただ、法人営業パーソンとしてテレアポを１日２００件、１年間で５万件コールし、契約が0件という現実を突きつけられたときに分かったことがあります。

それは、見込み客に「話を聞いてもらえる」状態をまず作らないと始まらないということです。

営業トークをどれだけ練習しても、そもそも話を聞いてもらえなければ意味がありません。

したがって、この状態を作ることこそがマーケティングの仕事だと気づきました。

つまり、マーケティングの定義とはこうです。


『見込み客の連絡先を取るまで＝マーケティング』

そして、セールスの定義はこうなります。

『連絡先を取って販売するまで＝セールス』

この定義をもう少し詳しく表現してみましょう。

見込み客と商品をつなげる行為であり、見込み客の連絡先（会社名・名前・電話番号・メールアドレス等）を取るまでがマーケティングの仕事。

見込み客との信頼を構築し、問題提起と解決策を示すことで、「買いたい」あるいは「買わせてください」と言われるまでの行為がセールスの仕事。

まとめると、マーケティングを行わないと話を聞いてもらえないということです。

とことが、法人営業に苦しんでいる企業の多くが、マーケティングを行わずにセールスを行っています。

話を聞きたくもないのに相手からセールストークが始まったら、あなたはどう感じるでしょうか。

逆に、話を聞きたい状態で相手からセールストークが始まったら、あなたはどう感じるでしょうか。

相手の状態を整えることがいかに重要かが、分かると思います。

では、このマーケティングとセールス、2つの仕組みをどうやって作ればよいのか、順を追って解説していきます。

そもそも、仕組みとは何か？

「仕組み」

あなたもこの言葉を聞いたことがあると思います。

しかし、仕組みという言葉の定義を持っていますか？

まず、仕組みとは何か、ということですが、イメージは水道の蛇口です。

あなたも今日、朝起きて顔を洗うときに水道の蛇口をひねって水を出して顔を洗ったと思います。

キュッとひねると水がジャーと出てきます（図1）。

自分の意思で水を出そうと思って行動すると水が出る。

これが仕組みです。

要は**「自分の意思でコントロールできること」が仕組みの定義**です。

たまに仕事柄、「紹介だけでビジネスが回っています」という人に会いますが、それは素晴らしいことです。

でも多くの場合、紹介というのはコントロールできないことのほうが多い。

大事なのは「自分の意思でコントロールできますか」ということです。

たとえるならば、親戚のオジサンです。

子供の頃、たまに家に来てお小遣いをくれるオジサンっていませんでしたか？

図 1

家に来たら大きなお小遣いをもらえる。

でもいつ来るか分からない。

「このゲームが欲しいから7月1日に来て！」とはコントロールできない。


あとはコントロールができないと、会社がスケールアップしません。

例えば、今月は紹介がもらえたとして、来月、再来月はどうでしょうか。

やはり、紹介をもらうためには交流会に行ったりして、あなたの時間を使わなければいけないのです。あなたは紹介をもらえたとして、部下はどうでしょうか。

ですから、目指すゴールが小さければいけますが、紹介だけで１０００社の開拓は厳しい。

個人レベルから脱却してスケールアップしていきたい経営者には、自分の意思で集客や商談数をコントロールできる仕組みが必要です。

顔を洗う水の量を調整できるように、集客数を上げることもできれば、下げることもできる。上げ下げがコントロールできることが重要です。

そして、ビジネスをコントロールできるようになると、仕組みが完成します。

ビジネスはリソースの把握から始まる

では、ビジネスをコントロールするにはどうすればよいのか。

その解にたどり着くには、ビジネスとは何かを考える必要があります。

しかし、あまり考えたことはないという場合が大半だと思います。

ビジネスとはリソースの組み合わせです。

リソースを組み合わせて価値を生み出すことが、経済的効果となりビジネスとなります。

では、リソースとは何か。それはこの3つしかありません。

「ヒト」「モノ」「カネ」です。

つまりビジネスはヒト、モノ、カネを組み合わせて、お客さんのフラストレーションを解消することです。

人には何らかの欲求があります。

ただ、障害によって阻止され、不満な状態にあります。

それに対してリソースを組み合わせ、相手の「不」を解決するのがビジネスです。

それが分かるようになると、世の中に既にあるビジネスがどのようなリソースを組み合わせて、どのようなフラストレーションを解消しているのか理解できるようになります。

そのような目で世の中を見渡したときに、世の中には2つのビジネスがあることが分かります。

ひとつは投資対効果が高いビジネス、もうひとつは投資対効果が低いビジネスです。

つまり「海老で鯛を釣る」ビジネスなのか、「骨折り損の草臥《くたびれ》儲け」ビジネスなのかということです。

ビジネスは価値を作り利益を生むことが必須です。

価値があることが最優先ですが、利益が生めないと続きません。

あなたのビジネスは高額商品を扱っていますか。

もし、「ありません」という場合は、今すぐ作ってください。

なぜなら、ビジネスで利益を出すには、「高額商品」もしくは「リピート商品」の2つを扱うしか方法がありません。このどちらかなのです。

考えてみてください。

ビジネスが下手な人は、「安いものこそ正義」と勘違いしているのですが、市場というのは、そもそもパイが決まっています。

客数が10倍になることはない。ただし、単価が10倍になることはある。

どんなに安いものであっても全員が買うことはなく、すべて反応率です。

例えば、1億円の家を探している人が1000万円の家を内見することはありません。

必ず、同じ商品であっても層があり、安くても高くてもお客様はそれぞれ存在しているのです。

あなたの業界で高額な商品を扱う人は１人もいませんか？

価値を提供し利益が残る高額商品を扱ってください。

世の中のビジネスをリソースという視点を持って見渡し、高額商品を扱う。

このシンプルな考えが儲けを生み出します。

どのようにリソースを組み合わせればよいのか？

ここで、シンプルな疑問が湧くと思います。

それは、「どのようにリソースを組み合わせればよいのか」という疑問です。

そこでやるべきなのがマーケティング調査です。

つまり、あなたが参入している、あるいは参入したい市場において、成功している企業がどのようなリソースを使ってビジネスをしているのか分析します。

逆に、失敗している企業を分析すると、何をしてはいけないのかも見えてきます。

次の3つの視点で調査を行ってください。

〈ヒト　リソースの視点〉

・働いている人はどのようなスキルを持っているのか
・社員は何人くらいなのか
・組織体制はどのようになっているのか
・協業先はどこなのか
・どのような企業がお客様になっているのか

〈モノ　リソースの視点〉

・どのような商品サービスを扱っているのか
・商品サービスの価格はいくらなのか
・どのようなノウハウを持って商品サービスを作っているのか
・どのように集客をしているのか

・どのように営業をしているのか
・どのように納品サポートをしているのか
・広告媒体はどこなのか
・どのようなメッセージを発しているのか
・特許やブランドなどはあるのか
・どうやってリストを集めているのか

〈カネ　リソースの視点〉
・資本金はいくらなのか
・どのように資金を集めているのか
・売上はどれくらいなのか
・粗利はどれくらいなのか
・利益はどれくらいなのか

もし、調査時点で成功している企業がない場合、市場が存在していないので参入しないほうが賢明です。

市場とは「見込み客×販売者の数」です。

この双方の大きさが、市場規模を決めます。

ただ、ビジネスが上手くいかない人は「まだ競合他社がいない＝ラッキー」と考え、そもそも市場を無視し、お金を払う人のことを考えていません。

お金を払う人＝需要

価値を提供する人＝供給

このように市場環境を調査し需要と供給を分析することで、お客さんのフラストレーションが見えてきて、何を解決しないといけないかが分かります。

ビジネス構築のために、どのようにリソースを組み合わせればよいかが見えてきますし、他社がビジネスモデルをどのように作って利益を出しているかが分かってきます。

料理にたとえるなら、カレーを作るための材料が分かるということです。

ただし、あなたがその材料を持っているとは限りませんし、調理できるスキルがあるとも限りません。

そこで、必要になってくるのが、自分がどのようなリソースを持っているのかを把握することです。

リソースを持っていないときの特効薬

特に起業したての社長に多いのですが、「私の会社には大したリソースがありません」と言われることがあります。

リソースがなければ作るだけなのですが、その場合覚えておいてほしいことがあります。

それは、「ヒト＞モノ＞カネ」の優先順位を持つことです。

一般的には金が一番重要だと思われていますが、逆です。一番効率が悪いのが金です。

逆に、ヒトのリソースを増やせば増やすほど、より大きな結果が効率よく出せます。

なぜなら、人がリソースを動かすからです。

人がヒトを動かす。人がモノを動かす。人がカネを動かす。

人類の歴史は人が作ってきました。決して金ではありません。

ですから、**人を大事にしてください。**

もし、あなたがビジネスで上手くいっていないならば、人を大切にしてこなかった可能性が高いです。

考えてみてください。顧客をコロコロ変え、社員もコロコロ変わっている企業と、顧客から長く愛され、社員が長く働いている企業。

どちらがビジネスで結果を出せるかは明白です。

恋愛でも、10年間思いやりを持って接した夫婦と、お互いに文句を言い合っているる夫婦だと、どちらが愛を育めるでしょうか。

ただし、闇雲にヒトのリソースを増やせばよいのかと言われると、そうではありません。

ビジネスなので効率よくする必要はあります。

では、どうやって人を見ればよいのか。

ヒトを見るときに３つの要素に分解できます。

それが、**「人＝能力×人格×リソース」**です。

もしあなたがビジネスで結果を出したい場合、既に能力と人格が高く、リソースを持っている人と組むことができれば最短で結果が出ます。

例えば、僕の場合だと今の会社を設立できたのは師匠の助けがあったからです。

師匠は言うまでもなく、能力が高く、人格が高く、リソースが多い方です。

起業当時、目の前の生活でいっぱいいっぱいの状況で頑張っても２００万円しか自己資金を集められませんでしたが、師匠が７８０万円を出してくれて９８０万円で株式会社が作れました。現在は余裕が出て全額買取を行いました。

また、駆け出しの頃は顧客がいなかったので、既に数万規模のリストを持っている企業とコラボレーションで郵送DMセミナーを企画して顧客を増やし、実績を足していきました。今も定期的に同業他社と組んでセミナーを行っています。

このように言うと、「あなたには既にリソースがあったからでしょ」と思われるかもしれませんが、そうではありません。

一般的にリソースと言うと「自分が所有しているもの」という認識があると思いますが、そうではありません。

自分が所有しているかどうかは関係ありません。

自分が認識した時点であなたのリソースとなるのです。

この視点を持つことができると、認識できた世の中の全てがあなたのリソースとなります。

これを「ジャイアン思考」と呼んでいます。

『ドラえもん』の名物キャラクタージャイアンこと剛田武の名言で、「お前のモノは俺のモノ、俺のモノも俺のモノ」という言葉があります。

これになぞらえて「世の中のリソースは俺のモノ、俺のモノも俺のモノ」という思考を持つことが重要です。

もちろん、我利我欲のためにリソースを使うということではありません。ビジネスなので顧客のメリットを最優先に考えます。

この視点を持つことができると、一気にビジネスが広がります。

身近な例だと、郵便ポストがコンビニのローソンに設置されています。郵便局がコンビニを自分のリソースとして認識したのか、コンビニが郵便局を自分のリソースとして認識したのかのどちらかです。

クライアントの例だと、採用コンサルタントがホームページ会社と組んで契約を取る。営業管理システムの会社が営業職を募集している求人広告の会社と組んで契約を取る。競合他社同士でお互いの企画を紹介し契約を取る。

このような事例はたくさんあります。

もし、欲しいリソースを認識したが協業提案は難しいという場合は、広告費だと思って相手のサービスを購入してください。

そうすれば、相手のリソースを活用させてもらえる確率がグンと上がります。

相手はそのリソースを構築するために、何年もの歳月と莫大なお金を投資しています。

相手のリソースをお金で買う。

たまに「タダで紹介してもらえませんか」と言ってくる人がいます。しかし、相手のリソースをタダで使わせてもらおうと考えること自体が、視野の狭い間違った考え方です。

あなたがビジネスで結果を出したいなら、自分と他人のリソースを集める必要があります。

材料が3人前しかないのに料理を5人前作ることはできないのと同様に、結果がリソースより大きくなることはありません。大きな結果を出したければ、結果以上のリソースを集めてくる必要があります。

あなたを成功に導く人脈の作り方

ここまでで、マーケティングにはヒトのリソースが一番重要だと感じてもらえたと思います。

しかし、勘違いしてほしくないのは、ただ闇雲にヒトのリソースを増やしても意味はないということ。

ビジネスを行っていると「人脈が大切だ」とよく言われますが、この意味するところは、どの人脈を広げて誰と付き合うのか、ということです。

というのも、ビジネスを行う上で能力がない人と付き合っても時間を無駄にします。

ただ、これは分かりやすく極端に表しただけで、ビジネスが下手な人はこの罠に気づくことができていません。

そのため、お金のない人やこれからビジネスを頑張ろうという、スキルも経験も実績もない人の人脈を広げてしまいます。もちろん、相手から得られるものなど何もありません。

これでは何のための人脈なのか分かったものではありません。

そうではなく、ビジネスを行う上で必要な人脈とは、掛け算が成り立つ人です。

そもそも、この観点が抜けてしまうと巻き込んだ人によっては「ゼロ」になる可能性すらあります。

なぜなら、ビジネスは足し算ではなく掛け算なので、ゼロを掛けたらどんな数字であってもゼロになってしまうからです。

これでは、掛けないほうがマシです。

では今後、どのような人脈を構築し、広げていけばよいのか？

それは、**「知識・経験・スキル・資格・実績・資金・人脈・顧客」のようなリソースを持っている人**です。

特に、顧客やお金を持っていない人と組んでしまうと、何も起きないどころか奪われるだけです。

そういう人ではなく、あなたがビジネスを拡大し成功を手にしたいと願うのであれば、「リソースを持っている人」とだけ付き合ってください。

とはいえ、このリソースを初めから見抜くことは簡単なことではないので、一番簡単に見分けるコツをお伝えします。

「顧客を持っている人」もしくは「お金を出す人」とだけ付き合うことです。

というのも、顧客とお金はリソースの中でも重要なもので、ビジネスを立ち上げる際に絶対必要な要素です。

顧客を持っていない人や資金を出せる力がない人とは、話をしても時間の無駄となります。一緒に何かビジネスを行う場合は、顧客を大量に持っている人、お金を出せる人とだけ組むことです。

そこを飛ばして話をしても何も進まず、結局、途中で話が立ち消えになるだけです。

人脈は数が多ければよいものではありません。

リソースを持った少数の人とだけ、深く付き合うことです。

そして、最終的にはあなたがコツコツと自分のリソースを構築することです。

そうすれば、対等に相手と組めたり、こちらから探さなくても相手から来てもらえるようになり、法人開拓のマーケティングが簡単になってきます。

あなたは何も持っていないと言うかもしれませんが、既にお金を生み出すリソースを持っているのです。

この機会にあなたのヒト・モノ・カネの3つのリソースをすべて書き出してみてください（図2）。

図２

あなたのヒトリソース：	あなたのモノリソース：	あなたのカネリソース：
☐	☐	☐
☐	☐	☐
☐	☐	☐
☐	☐	☐
☐	☐	☐
☐	☐	☐
☐	☐	☐
☐	☐	☐
☐	☐	☐
☐	☐	☐

column

ゼロから成功している起業家の共通点は技術畑か営業畑

僕は、大学生までは何となく生活をしてきた人間で、将来の夢はありませんでした。

ただ、20歳の頃にカッコイイ一人の大人との出会いがあり、人生が大きく変わりました。

その方は起業家で仕事を楽しみ、船を所有していたり、ベンツに乗っていたり、家族との時間を大事にしていたり、趣味を楽しんでいたり、幸せで豊かなお金持ちでした。

田舎で生まれ育った僕にとって強烈なインパクトがあり、純粋にお金持ちになりたいなと憧れました。

どうすれば幸せで豊かな起業家になれるのか、研究を始めました。

そこでの結論は、ゼロから成功している起業家が持つバックボーンは、技術系と営業系の2タイプに分けられるということです。

簡単に言うと、エンジニア出身の社長か営業出身の社長のどちらかなのです。

海外ではMicrosoftのビル・ゲイツ氏、Teslaのイーロン・マスク氏、Metaのマーク・ザッカーバーグ氏、日本ではソニーの盛田昭夫氏、ホンダの本田宗一郎氏、メルカリの山田進太郎氏などが、エンジニア出身の創業者で有名な企業です。

つまり、技術系のバックボーンがあります。

一方、海外ではAppleのスティーブ・ジョブズ氏、日本ではキーエンスの滝崎武光氏、リクルートの江副浩正氏、ソフトバンクの孫正義氏などはモノを売る天才です。

これらの方には営業系のバックボーンがあります。

ただし、営業会社で営業をやっていた人だけが営業畑ではありません。

創業期に自分で商品を作り、仕入れ、自分で売っているなど営業系の経験が積み上げられています。

ですから、自分が成功してお金持ちになるには、このどちらか片方が人より長けている必要があるという結論になりました。

これは中小企業でも同じで「どの程度長けているか」「どの程度を望んでいるか」

という度合いで成功のスケールも変わってきます。

それと同時に、片方で長けている人はもう片方も分かるようになってくる。

モノを売る天才であれば、商品についても研究するので自ずとどういった技術で作られているかの知識が積み上がっていく。

逆に天才エンジニアが自分で作ったものをどうすれば売れるかを考えるようになれば、営業のことが見えてきます。


そこで、僕は自分のリソースを棚卸ししたところ、誇れる技術がなかったので、営業畑を歩むことを決めました。

当時は新卒でTUTAYAを運営するカルチュア・コンビニエンス・クラブという会社にお世話になっていましたが、上場企業を辞めマンションの一室で先述のカッコイイ大人と2人でビジネスを始めました。

今のコンサルタントの仕事をする前は、営業管理システムをゴリゴリ売る法人営業をしていました。

そこで行ったテレアポも無駄だったのかと言うと、実はそうではありません。

人と話す間やトーンや言い回しなどの感覚が学べましたし、商談ではモノが売れていくメカニズム、人の心が動く瞬間を間近に見てきました。

今は精神的に辛いゴリゴリした営業は一切やらずにラクラクと売れるようになりましたが、根本は同じことをやっています。

本やメールマガジン、LP、ブログ、広告も営業です。

アプローチや手段が違うだけで、「相手の心を動かすこと」など根本的なところは同じです。

相手が求めるものが的確に見極められれば、あとはリソースの中で実現できる方法を提案すればよい。

大事なのは相手が何を求めているかを想像する力、そして提案できるリソース力です。

成功する起業家になりたければ「技術」か「営業」のどちらかを極めることです。

第2章

ビジネスは需要があるものを提供すれば売れる

そもそも、ビジネスの目的とは何か

そもそも、ビジネスの目的とは何でしょうか。

ビジネスの目的は「売れること」です。

では、売れるために必要なことは何か。

それは「需要の発見」です。

ビジネスが下手な人には共通点があります。

それは、自分がやりたいことをやっていることです。

そうではなく、まず需要を見つけることが大切なのです。

ちなみに、お金を払ってでも解決したい需要もありますが、お金を払うまでもない需要もあります。

法人ビジネスは問題解決が基本なので、問題が深いものは売れますが、問題が浅いものは売れません。

企業は何にお金を払うのか。

それを知るために必要なのが、市場調査です。

市場調査とはビジネスの環境を理解することで、あなたが行うビジネスは現在どのような環境になっているのか、あなたの状況がどのような環境に置かれているのか、現状認識から始めます。

市場とは「見込み客×販売者の数」となるので、見込み客の動向や市場規模、つまり需要を把握することです。

そして、他社のビジネス規模と内容、つまり供給を把握することです。

また、ビジネスは法律や政治などが影響するので、法務の動向も調べることを忘れてはいけません。

よって、市場調査でやるべきことをまとめると、以下の3つです。

1．需要調査
2．供給調査
3．法務調査

ビジネスは価値と価値の交換なので、顧客だけを見て、顧客が抱えているフラストレーションを解決する価値ある商品サービスを作ることが、ビジネス成功の本質です。

したがって、競合他社を気にしなくてもよいという意見もあります。

しかし、ビジネスとは他社との競争であり、お客様にとって比較対象となり得るので、競合他社の動向を把握すれば、あなたの成功確率を高めることができます。

そもそも、なぜ市場調査をやるのか。

それは、あなたが成功するビジネスを構築するためです。

世の中には、たまたま上手くいったノウハウを「成功法則」のように話している人が多くいます。

実は、時流に乗っただけ、タイミングがよかっただけ、よい人に出会っただけ、など、本人でも分かっていない場合も多くあります。

そんな人の成功事例を真似ても上手くいきませんし、参考になりません。

では、どのような基準で判断すればよいのか。

それは、その人が「成功し続けているか」という「連続性」を見ること。

その連続性こそが、「まぐれではない」という証明です。

市場調査の方法を知ることで、あなたの元に来た話に再現性があるのかないのかが分かってきます。

市場調査で最も重要なのは、需要と供給

ビジネスはそもそもお客様がいないと始まりません。

「誰かが欲しがる＝需要がある」からビジネスが成立します。

法人の場合「需要とは必要性」です。

法人が衝動買いをすることはありません。費用対効果が明確で、ビジネスに必要だから購入します。

コンサルタントという仕事柄、「こんな特許を取得しました」「こんな商品を作

りました」という方が相談に来て、特許や新商品サービスを広げたいという要望があるのですが、多くの場合は上手くいきません。

なぜなら、「今まで世の中になかったサービス＝需要がないサービス」であることが多いからです。

需要を調べるときのポイントとして、時系列つまり「時間と共に移り変わる」ことを覚えておいてください。

現在の需要と未来の需要の両面を調べることが重要です。

今も需要があり、未来に向かってさらに需要が伸びていくなら、ビジネスは拡大できます。

ちなみに僕は、今のコンサルティングビジネスを行う際「法人開拓」と「起業」の需要に着目しました。

ＩＴ化やＡＩ化など、どれだけ時代が変わっても企業が新規顧客を開拓したいという需要はなくならないですし、ＳＮＳが発達したことで組織の時代から個人の時代へシフトし、副業や１人起業が流行ることで、個人事業主も含めた企業の数が伸びていくと予測しました。

もしあなたが長期にわたって繁栄するビジネスを作りたければ、今後需要が伸びていく商品サービスや業界に参入することが望ましいのです。

時流と共に需要を捉えることができれば、勝手にビジネスが拡大していきます。

逆に、時流や需要を無視して自分がやりたいことをビジネスにすると苦しい戦いが待っています。

では、需要と供給はどのように把握すればよいのか。

次の2つのデータから調査していきます。

1つ目は客観的データ、２つ目は主観的データです。

1つ目の客観的とは、当事者ではない第三者の観点から物事を見て判断できるだけの根拠があることです。

例えば、令和5年6月27日に総務省と経済産業省が公表した、「令和３年経済センサス‐活動調査」のデータによると、日本の中小企業と大企業の合計数は３４０万社となっています。

このように客観的データは、国や自治体などの公的機関が発表しているデータを参考にします。

民間企業でも帝国データバンクや東京商工リサーチなどの調査会社データは客観的と言えます。


もし、あなたの業界に統計的なデータがないときは、自分の足を使ってデータを集めます。

僕がコンサルティング事業をやる際は、実際に成果を出している多くのコンサルタントに会いに行きましたし、システム事業をやる際は、月間の検索キーワードの数を何社ものツールを使って調べたり、競合他社の商品が実際に使われている様子を見に行きました。

ポイントは、自分の先入観や主観を入れずに調査することです。

調べた瞬間だけ異常値が出ていることもありますので、時系列による変化を見ること、そして対極の視点でそのデータが本当なのかを疑うことが重要です。

２つ目の主観的データとは恣意的なデータです。

例えば、「日本国の借金である国債の残高は約１０００兆円あり、地方政府の借金である地方債の発行残高は約２００兆円、総額は１２００兆円で国民１人当たりの借金は約１０００万円で年々増え続け、破綻する可能性があります」というデータがあったとします。

「国民１人当たりの借金」「破綻」という表現は、事実ではなく恣意的なものです。

民間企業が出しているデータやアンケートは意図的に作られている場合が多いので、自分の目で確かめて考察しましょう。

とにかく主観を入れずに、現在の状態を把握していきます。

このように客観的データと主観的データを基に、事実を確認していきます。

まとめると、公的機関、調査会社、専門家、競合他社、関連業者、銀行、顧客などから需要と供給の現状把握ができれば、あなたのビジネスを成功させるために何が必要なのかが分かり、確信を持ってビジネスができます。

あなたが一流の調査官になるための武器

調査をするときに持っていたら役に立つ武器があります。

これを知らないと目の前に出てきた出来事を事実だと解釈し、間違った決断をしてしまいます。

僕は先生からこの武器を起業前に教えてもらいました。

これがあったから、大きく判断を間違うことはありませんでした。

現在でも常に多用していて、これがないとビジネスで成果を出すことが難しいのではないかと思っています。

その武器は何かと言えば、「フレームワーク」です。

フレームワークとは、思考の枠組みのことです。

何か調査対象となるデータや事実があったときに、対象を多面的な視点から見ることができるようになり、死角がなくなります。

ここで、あなたが一流の調査官になるために必要な７つのフレームワークを紹介します。

１．目的

データを見たときに、常に「何のために」という問いを投げかけます。

このデータは何のために作られたのか、その目的を考える癖をつけると、意図が分かったり、背景が理解できたりします。

これは普段の生活でも使えるフレームワークで、例えば、ご飯を食べることにも目的を考えます。

健康のために食べる、家族団欒で楽しく過ごすために食べる、美容のために食べる、刺激のために食べる。

目的なく食べるとお腹を満たすだけですが、目的を考えると何を食べるかが変わってきて、食べる行為に意味が出て満足度が上がります。

2．MECE（ミーシー）

MECEとはMutually Exclusive and Collectively Exhaustuveという略で、直訳すると「お互いに重複せず、全体に漏れがない」となります。

要するに「漏れなく、抜けなく、ダブりなく」考えていくフレームワークです。

例えば、売上アップをさせる方法を考えるときに、漠然と考えるのではなく「売上＝客数×単価×回数」という要素に分解します。

そして、それぞれの要素ごとに、客数を上げるためには、単価を上げるためには、回数を上げるためには、と考えていきます。

これも普段の生活でも使えるフレームワークで、僕は今、東京に住んでいて実家が兵庫県にあるのですが、東京から兵庫までの移動手段をMECE的に考えると、「移動手段＝陸路×空路×海路」という要素に分けられます。このように考えていくと漏れがありません。

そこからさらにMECEで考えると、陸路でも車・バス・電車・新幹線・徒歩・

自転車などの手段を考えることができます。

3．5W2H

５Ｗ２Ｈとは、When（いつ）、Where（どこで）、Who（誰と）、Why（なぜ）、What（何を）、How many（どのくらい）、How much（いくら）の頭文字を取ったものです。

例えば、新規ビジネスを検討する際に5Ｗ２Ｈで考えるとスムーズです。

いつ始めるのか？　どこでやるのか？　誰がやるのか？　なぜやるのか？　何をやるのか？　どれくらいの頻度でやるのか？　稼ぎたい金額はいくらか？

これも普段の生活でも使えるフレームワークで、車を買うときも同じです。

いつ車を買うのか、どこで車を買うのか、誰が車を買うのか、なぜ車を買うのか、何の車を買うのか、どのくらいの期間車に乗るのか、いくらの車を買うのか。

５Ｗ２Ｈを書き出すと衝動買いがなくなり、判断を間違えません。

4. 共通点

何かデータを調べたら、共通点を探します。

例えば、儲かっているパチンコ店と美容サロンがあったら、２つの店の共通点を探します。

２つの店に共通する儲けのカラクリ、共通点は何かと言うと「常に新しい機械を入れている」ことです。

儲かっているお店には常に最新機器が入っていて、行列になっています。

その行列を見て、さらに行列ができます。

このように業界は違えども儲かっている企業には共通点が必ずあるので、共通点探しをすると思わぬ発見があります。

これも普段の生活でも使えるフレームワークで、上手くいっている夫婦の共通点を探すと「妻が子供の前で夫を褒めている」「夫婦がお互いに尊敬し合っている」など。ギスギスしている夫婦の共通点を探すと「妻が子供の前で夫の悪口を言っている」「夫婦がお互いに対する敬意がない」などが見えてきます。

5．対極

何かデータを調べたら、その対極になるデータも調べます。

上下、左右、高低、多い少ない、広い狭い、高い安い、マクロミクロ、などです。

例えば、新設法人向けにビジネスを行う場合、新たに法人登記された企業数を調べるなら、倒産数も調べる。

コンサルタントの年収を調べるなら、一番高い人は億単位を稼いでいるが、低い人は３００万円も稼げないなど、対極を調べる癖をつけます。

これも普段の生活でも使えるフレームワークで、日本一高い山は富士山ですが、日本一低い山は宮城県の日和山です。

僕は、息子が小学1年生のときに一緒に富士山に登頂するなど、日本一○○なモノを探し、体験に行く癖がついています。

6．時系列

現在のデータを調べたら、過去にさかのぼって調べます。

もし将来の予測データがあるなら未来を調べます。

現在、過去、未来を時系列で見ていきます。


例えば、日本の人口データを見たときに人口ピラミッドの変化を調べます。

すると、人口減少時代に突入していくことが分かります。

これも普段の生活でも使えるフレームワークで、ビジネスで成功している人を見るときはその人の現在ではなく過去を見て、成功する前にやっていたことを見て真似すると上手くいきます。

営業では相手の現在、過去、未来の順番に聞いていくと成約率が上がります。

7．S字曲線

横軸に時間、縦軸に成長度合いを示した成長曲線のことです（図3）。

特にビジネスでは、最初は緩やかに成長し、ある時点から急上昇して限界近くまで成長します。

その後は再び停滞し、ほとんど成長しなくなります。

グラフに表すと「S」の形になることからこの名前になっています。

営業を経験した人は分かると思いますが、営業を始めるにあたって時間を投資して営業トークを覚えても、いき

図３

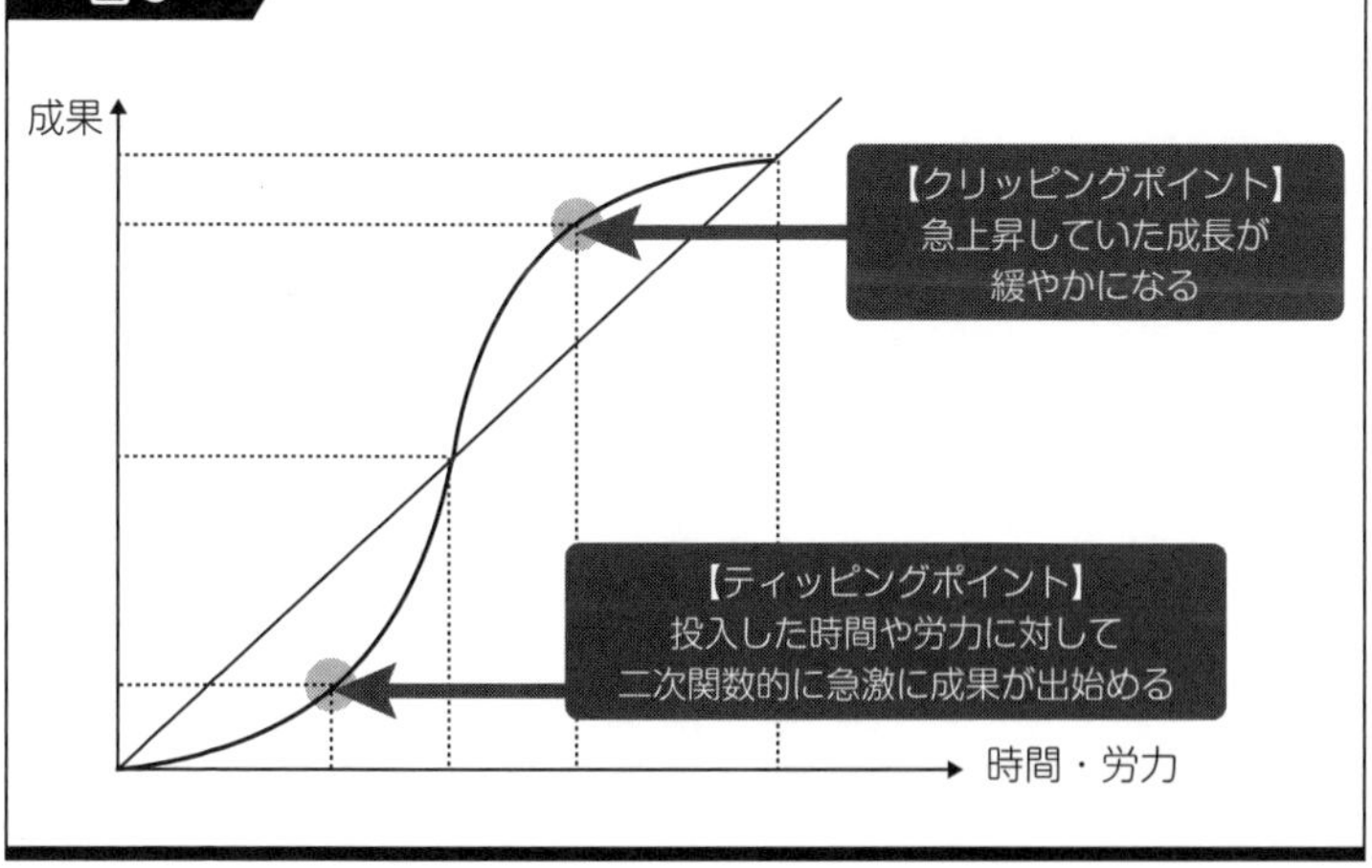

なり成果は出ません。

ただ、諦めずに時間と労力を投資していると、突然売れるようになってきます。

そこから鍛錬を続けると、急上昇していき給料は上がりますが、あるときを境に管理職になるなどの昇進をすることで役割が変わり、営業としての成長が緩やかになっていきます。

これが分かっていると、ティッピングポイントやクリッピングポイントに到達するまでに辞めると損だと分かります。

これも普段の生活でも使えるフレームワークで、子供に習い事をさせたりするときも同じです。

S字曲線が分かっていると、何かに取り組んだときにすぐに成果が出なくても、子供を信じてティッピングポイントまで応援できるようになります。

調査もそうですが、何かの事象が発生したときにフレームワークに当てはめて考えると冷静な判断ができるようになりますので、活用してみてください。

ワンポイントトレッスン

ここで簡単なレッスンをしてみましょう。

例えば、あなたが書籍のレビューを書かなくてはいけなくなったとき、何を書いたらよいか分かりますか？

パッと思いつかないと思います。

そんなときは、７つのフレームワークに沿って考えてみてください。

【書籍のレビューを7つのフレームワークに当てはめて書くレッスン】

1. 目的：この本を買った目的は何だったか
2. MECE：この本の著者が言いたかったことを分解してみよう
3. 5W2H：いつ、どこで、誰のために、なぜ本を読んだのか、本を読んで何をやるのか、どのような行動をするのか、どのような行動をしないのか、金額に換算するといくらの価値があるのか

4. 共通点：過去に読んだ本との共通点は何か
5. 対極：法人営業にマーケティングは必要ないという本はないか
6. 時系列：どのような過去を持っていて、未来がどうなりそうな著者なのか
7. S字曲線：今は理解ができなくても、繰り返し読むべき本なのか

このように7つのフレームワークに沿って考えると、書籍のレビューが簡単に書けるようになります。

フレームワークの効果を実感するためにも、実際にAmazonで藤原智浩の著書を検索し、練習で本書のレビューを書いてもらえると嬉しいです。

実際にフレームワークに沿ってAmazon書評を書き、ペンネームを連絡いただいた方には僕からプレゼントを用意しています。巻末のプレゼントページからお問い合わせください。

供給調査はライバルのビジネスモデルを見極める

次は供給者を調査します。

供給者、つまりライバルです。

探す場所は「インターネット、ＳＮＳ、書店、人」の４つです。

Google や Yahoo! などの検索エンジンで検索、YouTube や Meta などのＳＮＳで検索、本屋さんで書籍を探す、もしくは商談相手に比較対象を直接聞いていきます。

そしてライバルが見つかれば、電話で問い合わせをし、インターネットから資料請求をします。

ここで単に資料請求をしたり、資料を取り寄せただけで終わってしまう人がいます。

重要なことは、上手くいっている顧客獲得のパターンを見極めることです。

一番早いのは直接連絡し、聞くことです。

直接の連絡が難しければ、友人の会社に頼むか、僕のようなコンサルタントに依頼をしてみてください。

するとライバルの実績が知れますし、集客導線や見積価格なども知ることができます。

商談を設定すれば、営業戦略も分かります。

ライバルが実施している顧客獲得までの導線を調べ、どういったヒト、モノ、カネを使って顧客獲得しているのかを見極めてください。

また、商談相手には必ずあなたの商品と比較する商品を聞いてください。

何人もの人に聞いていくと必ず共通点が見えてきます。

例えば、弊社の場合はコンサルタント会社との比較はもちろん、企業間のマッチングサービス会社やアポイント取得代行会社と比較されることがあります。

顧客の比較している商品を知ることで対策もでき、顧客が商品の先に何を求めているのかを理解することができます。

ライバルの広告を調べたときは制作物を保存して、今後の制作に役立てるために「スワイプファイル」します。ＷＥＢサイト全体のスクリーンショットを撮りたいときに便利なのが、Google拡張機能「GoFullPage」です。

あなたの見込み客＆顧客調査で「購買行動を見極め、お金になるキーワード」を知る

法人営業で勝つためには、徹底した顧客理解から始めないといけません。

ここを無視して商品だの差別化だのキャッチコピーだのを考えても失敗します。

具体的には、あなたの見込み客と顧客を調査していきます。

見込み客とは過去にあなたの商品サービスを検討した人、顧客とはあなたの商品サービスを購入してくれた人です。


図４を見てください。

まず大事なことは、見込み客があなたの商品サービスを検討した「きっかけ」です。

法人顧客は商品サービスを購入する際に必ず何かきっかけがあります。

図4

1 ○○(商品サービス）を検討するきっかけは何でしたか？

2 検討の際に検索したキーワードを複数教えてください。
（例：DM、集客代行、社長アポ）

3 叶えたい願望、現在の不満を教えてください
（例：年商1億円、紹介に頼らず法人開拓をコントロールしたい、
新規開拓に困っている）

4 競合他社さんの商品を購入したことはありますか？　どの商品ですか？
（例：テレアポ代行、経営者マッチング）

5 普段から見ている広告媒体はありますか？
（例：Google、YouTube、DM、Instagram等）

例えば、集客が上手くいかない、営業社員のモチベーションが下がっている、新しい拠点を出したが拠点間のコミュニケーション課題が出てきた、テレアポ代行を頼んでみたが結果が出なかった、既存サービスに不満があるので代わりを探していた、信頼している人が紹介していた、など様々です。

これらの「きっかけ」を見込み客に聞いてください。

そして、共通点を探していきます。

すると、あなたの商品サービスを検討する人のきっかけが分かるようになります。

次に大事なことは「お金になるキーワード」の把握です。

見込み客は何かのきっかけがあり、問題を解決したいと行動します。

その際に頭の中にキーワードが浮かび上がってくるのです。

それが、あなたにとっての「お金になるキーワード」です。

お金になるキーワードを簡単に探す方法があります。

それは、競合他社のお客様の声ページです。

「あなたの業種ースペースースーお客様の声」で検索してみてください。

業種ースペースースーお客様の声で検索すると、全国であなたの業種に関するホームページのお客様の声ページが出てきます。

その、お客様の声ページには、購入者が載っています。

つまり、競合他社のお客様ということは、あなたの見込み客です。

そこから「検討のきっかけ、サービスを知った経緯」を調べると、お金になるキーワードが見えてきます。

企業が何かの商品サービスを購入する経路は、基本的に以下に挙げる3つしかありません。

① **「検索」**

② **「紹介」**

③ **「広告」**

詳しくは３章で解説しますが、お金になるキーワードとなります。

これさえ把握できれば、これらの３つの経路で集客導線を作っていくだけです。

次に、顧客調査とはあなたの商品サービスが選ばれる理由を調べることです。

基本的に見込み客アンケートと同じですが、競合他社ではなく、弊社の〇〇（商品サービス）を選んだ理由は何でしたか？　と聞いて選ばれる理由を確認してください。

選ばれる理由を集客に活用していきます。


あなたはビジネスで勝ち戦と負け戦、どちらをやりたいですか。

１００％の人が勝ち戦をやりたいと思います。

実は調査で、あなたのビジネスが勝ち戦になるのか負け戦になるのかが決まります。

しかし、多くの人は調査不足でビジネスを始めます。

それでは負けが確定しているようなものです。

一度目的に向かって走り出してしまうと、立ち止まったり、スタートに戻ったりするのはなかなか大変です。

ビジネスも同じなので、走り出す前にまずは目的地と道筋を想定して始めましょう。

column

成功している起業家の共通点は勉強熱心な人

この本を読んでくれているということは、あなたは普段から読書をする方だと思います。

僕も一時期、読書が趣味になっていたことがありますが、あなたはどれくらい本を読みますか。

本はとても有益な投資対象です。

たった数千円で大きなリターンをもたらしてくれることがあります。

僕はサラリーマン時代に年間200冊以上本を読んでいた時期があるのですが、そのときはなぜか成果が出ませんでした。

逆に、ほとんど本を読まなくなってから成果が出始めるようになりました。

不思議だと思いませんか。

一般的には本を読んで知識量が増えれば成功確率が上がりそうです。

では、なぜ本を読んでもそのときに成功率が上がらなかったのか。その理由を伝える前に、まずは『**本＝辞典である**』というマインドセットを常に持っていてください。ちなみに、マインドセットとは考え方のことです。

本は小学生が調べ物をする辞典のようなもの。

「分からないことを調べるために本を買う」という癖をつけたほうがよいのです。

昔の僕は本を「読む」のが好きでした。

読むことで知識欲が満たされて、書いてあったことを実践していました。

しかし、一方で本とそのときの自分の現実はリンクしていませんでした。

つまり、読んで何となく偉くなった気持ちになったり、仕事をやっている気になったりしていたら危険だということです。

金と時間の無駄です。

本を読むコツはこの2つ。

ステップ1：調べたいことが発生

ステップ2：本を買う

この順番を守らないと、本を買っただけで勉強したつもりになってしまい、「こんなに努力しているのに成功できない」と思ってしまいます。

本は辞典です。分からないことを調べるためのものです。

「面白そうなタイトルがある＝買う」というスタイルではなく、「今の自分は何を調べる必要があるのか？」を常に意識しておく必要があります。

ですから、繰り返しますが「本＝辞典」のマインドセットを持ってください。

趣味なら別ですが、勉強のための勉強になっているので時間の無駄になります。

そして、成功している起業家の共通点は「勉強熱心」です。

自分の専門分野に対して徹底的に時間を費やし、勉強しています。

上級者になると、先生をつけて継続的に学んでいます。

なぜなら、本などの紙の知識だけでは体得できることが少ないことを分かっているからです。

勉強への時間とお金の投入量が、成功者は一般的な人と10倍以上は違います。

多くの人はそれを努力と言いますが、本人は努力と思っていません。

もし、あなたが法人の顧客獲得をし続けたいのであれば、最低でも集客と営業の勉強はしてください。

人間は、学ぶことをやめた瞬間に衰退し始めます。

常に変化し続けない限り、成長しません。

今すぐ現状を把握し、自分に何が足りないのか。その問題を打破するために、何を勉強するのが最適なのかを考えてください。

そして、それが見つかったら、他人任せにせずに今すぐ始めてください。


その始め方のコツが、目指すべき先生を持つことです。

僕は先生を見つけて学んだので楽に成果を出すことができましたし、23歳で社会に出てから収入は右肩上がりに増え、落ちたことがありません。

目指すべき目標があり、そのゴールを目指している間は、すべてを真似することで叶えることができます。

しかし、真似するものがなくなった瞬間に何を指標に進めばよいのかが分からない状況に陥ります。

だから先生を持つということは、実は非常に楽で成功を加速する起爆剤になるということです。

ですので、もっと上を目指したければ今を頂点と思わず、自分よりすごい人を見つけることです。

そのゴール設定となる先生が見つかれば、あとは楽です。

なぜなら、努力、根性、センスなどは関係なく、言われたことをすべて真似すればよいだけ。簡単に目的地にたどり着ける地図を手にするようなものだからです。

第3章

法人の見込み客を集める「2種類の集客ツール作成法」

奪う思考の人は苦しくなる。与える思考の人は楽になる

さて、ここまでの話で以下のことは理解されたと思います。

集客に取り組む前にリソースの把握と市場調査が重要。

しかし、これを理解されたあなたの心の中には、当然のごとく次の疑問が浮かんでいるのではないでしょうか。

では、そのリソースや調査結果を使って、どのように集客していけばよいのか。

この章では、その疑問について話していきます。

集客導線をどう設計するか

集客導線を設計するときに、最初にやるべきことが2つあります。

1．プル型の集客設計
2．プッシュ型の集客設計

プルとは引くという意味で、プッシュとは押すという意味です。

つまり、プル型の集客設計は相手から自分のことを見つけてもらい、問い合わせをしてもらう設計。プッシュ型の集客設計は相手に自分のことを知ってもらい、問い合わせをしてもらう設計です。

そして、プル型でもプッシュ型でも設計するときに共通して意識しておかなければいけない思考があります。

それは、「与える思考」です。

多くの人は与えることをせずに奪うことをするから、集客が上手くいきません。言い方を変えると、多くの人はマーケティングをせずにセールスをするから、失敗します。

相手に詳しく話を聞きたいと思わせるのがマーケティングで、詳細を説明するのがセールスなのです。

そして、奪う思考で一番典型的なのが新規電話です。

突然電話がかかってきて、「時間をください」と言ってきます。

「ご案内させてください」「情報交換させてください」「協業させてください」などの言葉も同じです。

人間にとって一番貴重なものが時間です。

相手から時間を奪うことを考えている人は上手くいきません。

なぜなら、僕自身が体感したからです。

法人営業のノウハウを知らなかったので、１日でテレアポ２００件、１年間では５万件を架電し続けましたが、契約はゼロでした。

しかし、奪う思考から与える思考に変えた途端に、年間約４００件の社長アポと約１５０社の新規開拓を６年連続で達成することができました。

『どうすれば見込み客に与えることができるのか』を考える

ここで、１つの簡単な例を示しておきます。

例えば、あなたは飲食店の経営者です。


あなたの見込み客は誰でしょうか。

お腹いっぱいで道を歩いている人でしょうか。それとも、お腹を空かして道を歩いている人でしょうか。

あなたにとっての見込み客は、「お金を払う意思のある腹ペコの人」です。

では、お店の前をお金を払う意思のある腹ペコの人が通行していたとして、あなたのお店に集客するために何をしますか？

・「いかがでしょうか」と声をかけますか？
・お店のこだわり食材を伝えますか？
・価格の安さを訴求しますか？

そういったことをせずとも、簡単にお店に集客ができ、値引きしなくても喜んでお金を払ってもらえる方法があります。

それは、試食を提案することです。

腹ペコの人に試食を提案すれば簡単にあなたの店に連れてくることができます。
誰だって、いきなり商品サービスを提示されたら、心に壁を作ってしまいます。
お客さんの立場で考えれば分かることが販売者になると見えなくなり、結果、売れません。

そうではなく、無料で提供する。無料でプレゼントするのです。

当然あなたは、無料で提供して本当にお金になるのか、初めは不安になると思います。

しかし、現実には「返報性の法則」というものが存在し、そのやり方で上手くいっています。

ただ、与えるといっても、路上で配っているポケットティッシュのようなありふれたものでは、あまり意味がありません。

あなたの見込み客がお金を払ってでも欲しがるようなものを先に与えるから、戻ってくるだけです。

特に日本人にはこのお返しの精神が染みついているので、あなたのビジネスにも与える戦略を取り入れなければいけません。

あなたの見込み客は何を価値と感じ、何を与えると感謝すると思いますか?

いくら素晴らしい商品を持っていても、集客ができなければそのビジネスは成功しません。

「私は最高の商品を持っています！」と言う人をよく見かけますが、そういう人に限って見込み客を集める術を知りません。

どんなに素晴らしい商品を持っていても、お客様がいなければ1つも売ることができません。

しかし、どんなにゴミ商品であっても、大量にお客様がいれば買ってもらえます。

ですから、集客ができる人間はビジネスの世界では神なのです。

他人から「お金を払うのでノウハウを教えてほしい」と依頼されます。

例えば、先ほどの飲食店の経営者にアドバイスをするとしたら、僕の答えはこうです。

「既存顧客一人ひとりに頼んでGoogleのレビュー数を圧倒的に増やしてください」

新規のお客様にはその飲食店の味は分かりません。道行く人には試食を提案できますが、それ以外の人にはいくら味を訴求したところで分からないのです。

それよりは、「焼肉　●●市」と検索したときに、レビュー数が1000件とかあればどうでしょうか。美味しそうだなと思いませんか。

新規客には「○○そう」で十分です。

要は皆が支持しているから自分も食べてみようと思うのです。


つまり、味だけではなく「安心」を売っています。

ライバルでは満たすことのできない欲求を提供しているのです。

これをビジネス用語で「ＵＳＰ」と言います。

ＵＳＰ（Unique Selling Proposition）の略で、簡単に言えば「ライバルにはない強み」です。

「強み」はお客様が求めている中身である必要があります。

ここを間違えている人が多いのですが、弊社はライバルがやってない特殊なことをやっています、と自慢する人がいます。しかし、そういう人に限って儲かっていません。

ライバルと違うことをやるのは重要ですが、それは「お客さまが求めている」ものでなければ意味がありません。

「ライバルでは満たすことのできない欲求」を提供することができなければ、儲かるビジネスをやることは諦めましょう。

では、次に考えるべきは何か。それは「どうすれば1000人に無料で食べさせられるか」です。

ビジネス用語で「無料オファー」と言いますが、自信のある商品ならどんどん無料で試食を配りまくります。

試食のかけ声は「今、お肉の試食を配っています。お腹空いていますか」です。そして最強の料理であることを「体感」させ、気に入った人にお店に来てもらい、代わりにレビューを書いてもらえばよいのです。試食で「美味い！」と思ったら必ず来てくれます。

最強の集客とは無料の段階で成功体験させること。

今回の簡単な例では、Googleのレビュー数を圧倒的に増やすことが「プル型の集客設計」であり、道行くお腹を空かせた人に試食を提案することが「プッシュ型の集客設計」です。
まとめると以下の４つ。

1：見込み客がどんな人か、具体的に鮮明にイメージできているか
2：見込み客が集まる場所でプル型とプッシュ型でアプローチしているか
3：無料の段階で成功体験をさせているか
4：「お客様が求めている」ＵＳＰはあるか

もし「集客ができない」と悩んでいるのであれば、この４つのいずれかが欠けています。

プル型の集客導線を設計する

では、プル型の集客導線をどのようにあなたのビジネスで設計するか。

そのことを、少し深く考えてみましょう。

繰り返しになりますが、企業が何かの商品サービスを購入するとき、基本的に次の3つの経路しかありません。

それは**「検索」「紹介」「広告」**です。

その際に第2章で調査した「お金になるキーワード」を出してください。

法人は必要性に応じて商品サービスを購入しますので、何かの必要性を感じたときに一番最初に行う典型的な行動はインターネットを使っての「検索」です。

検索に使用する代表的な検索エンジンはGoogleとYahoo!ですが、GoogleとYahoo!とで異なるSEO対策は必要ありません。Googleの対策を実施してください。


必要なことは、Googleの検索エンジンで見込み客がお金になるキーワードを検索したときに、あなたのWEBページが上位に来ることです。

例えば、弊社のコンサルティング事業の場合、「法人営業　社長アポ」がお金になるキーワードです（図5）。

図5

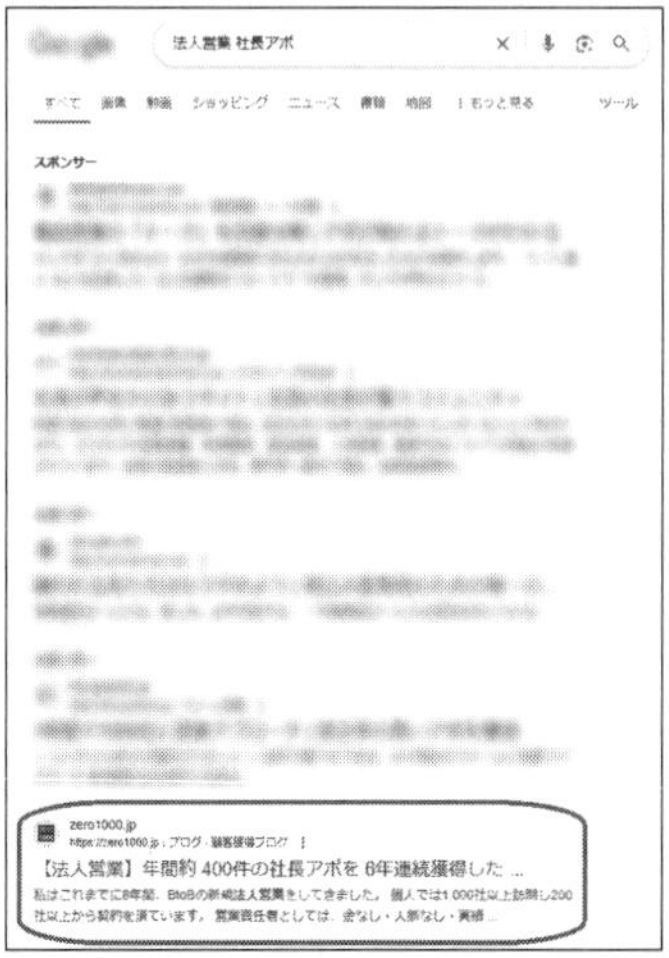

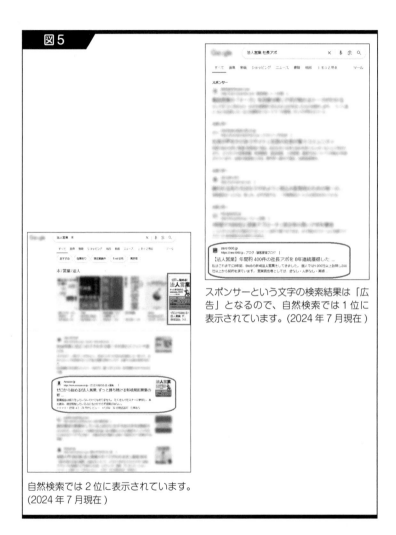

スポンサーという文字の検索結果は「広告」となるので、自然検索では１位に表示されています。(2024 年７月現在)

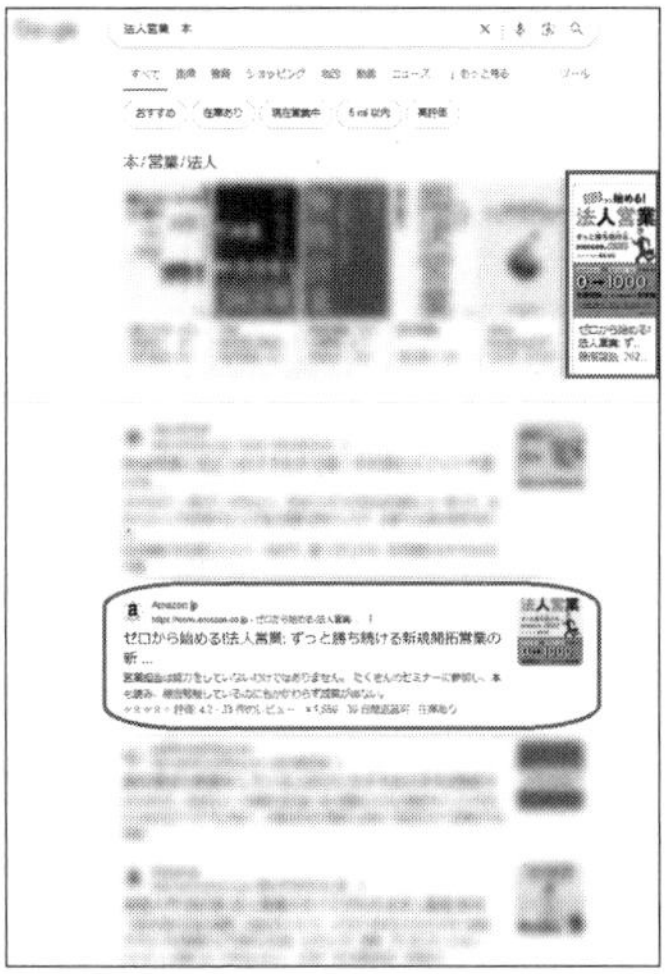

自然検索では２位に表示されています。
(2024 年７月現在)

このキーワードをGoogleで検索すると上位にブログ記事が表示されます。

また、「法人営業　本」もお金になるキーワードです。
このキーワードをGoogleで検索すると上位に著書が表示されます。

このように、お金になるキーワードを検索したときに上位に表示される必要があります。

では、どうすれば検索上位になり、問い合わせにつながるのでしょうか。
あえて**一言で言うならば「役に立つ情報を提供する」こと**です。
先述の「与える思考」で出し惜しみせず、小さな成功体験を与えてください。
文字だけでもよいですし、動画や本もあれば親切かもしれません。
ただし、自然検索のブログは時間がかかるというデメリットもあります。

もし、明日から検索上位に表示をさせたい場合は、ＷＥＢページを作り、Googleリスティング広告を出すことです。

そうすれば、検索上位にあなたのＷＥＢページが表示されます。

もしくは、あなたのお金になるキーワードで自然検索上位に表示されている比較サイトの会社に広告を依頼するか、プレスリリース配信会社に依頼してＳＥＯに強い記事広告を出すことです。

そうすれば、一瞬であなたのＷＥＢページが検索上位に表示され、アクセスを集めることが可能です。

セールスレターは３つの要素で構成する

では、見込み客にアクセスしてもらうＷＥＢページにはどのような内容を書けばよいのか。

そういう疑問が湧いたと思います。

セールス用のＷＥＢページのことをランディングページと言います。

ランディングページ（Landing Page）とは、見込み客が最初にアクセスするページのことです。

見込み客がホームページに着地する（land）イメージからこの名前がつきました。略してＬＰ（エルピー）と呼ばれます。

商品サービスによってランディングページに書くべき内容は異なりますが、覚えておいてほしいのは対面でのセールストークと同じ内容を書くということです（図6）。

まず、ランディングページの構成ですが、キャッチコピー、ボディーコピー、

図6

ランディングページはセールストークを再現しているので情報量が多く、縦長になる

クロージングコピーの3つです（図7）。

●キャッチコピー

１つ目のキャッチコピーでは、「見込み客に刺さる」メッセージを書くことが重要です。

見込み客は、自分が欲しいものがズバリ提示されたときに行動を起こします。もし、見込み客が欲しいものを提示できておらず、次のような場合は無視されてしまいます。

・競合と同じようなメッセージで意外性がない
・過大表現でリアリティーがない
・ベネフィットを得られる根拠がない
・ベネフィットが漠然としている
・ベネフィットがそもそも提示されていない
・ＬＰ上で教育しようする
・２つ以上の主張を同時にしている

図7

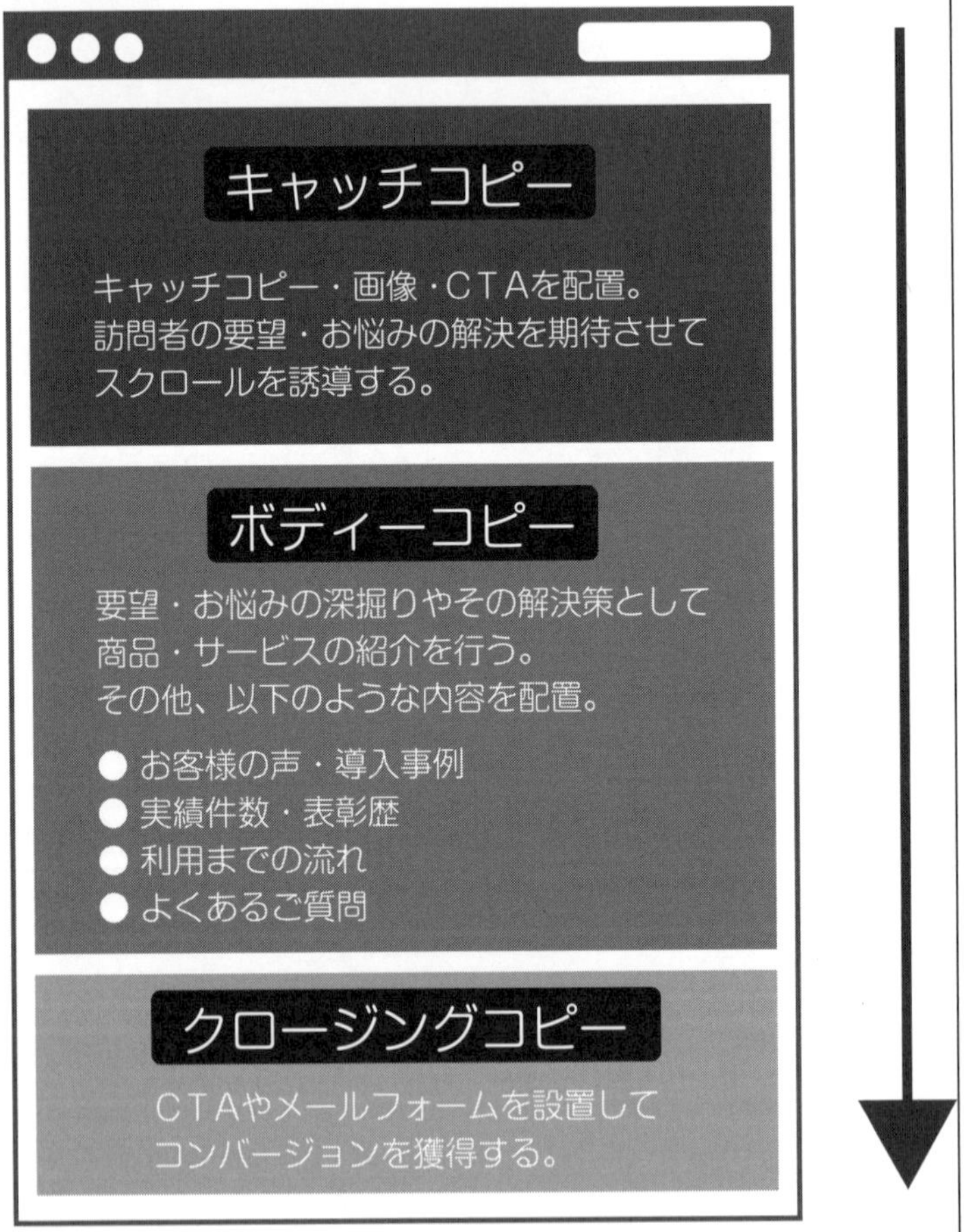
キャッチコピー
キャッチコピー・画像・CTAを配置。
訪問者の要望・お悩みの解決を期待させて
スクロールを誘導する。
ボディーコピー
要望・お悩みの深掘りやその解決策として
商品・サービスの紹介を行う。
その他、以下のような内容を配置。
お客様の声・導入事例
実績件数・表彰歴
利用までの流れ
よくあるご質問
クロージングコピー
CTAやメールフォームを設置して
コンバージョンを獲得する。

・具体的な解決方法を示していない
・解決策が不適切
・因果関係が成り立っていない

そこで、見込み客の印象に残るキャッチコピー作成法を3つ伝授します。

〈作成ポイント1〉

アプローチする相手の現実にアプローチする

相手の現実とは、相手が既に取り組んでいるけれど上手くいっていないことです。

それをやらなくてもいいよと伝えます。

テンプレート①：○○しなくても▲▲になる■■法

○○＝相手の現実、▲▲＝あなたが提供できる結果、■■＝あなたの解決策

（例）

「オフィスから1歩も出ずに、DMを送るだけで新規客を殺到させる、法人集客

法」

「紹介や人脈に頼らなくても、思いのまま法人集客を叶える、ＤＭ開拓マニュアル」

〈作成ポイント2〉

タイトルを見ただけで、オファーを手に入れないと損！　と思えるように短期的欲求を刺激する

オファーとは、こちらからの提案のことです。短期的欲求を刺激するとは、強い単語を使うことです。

テンプレート②：Before → After した○○

Before ＝あなたの解決策を使う前の悲惨な状態

After ＝あなたの解決策を使ったあとの最高の状態

○○＝あなたのオファー

（例）

「ゼロから、１０００社を新規開拓した、法人開拓の仕組みセミナー」
「忙しい先生業のための１００社にＤＭを送り、５社の社長とアポが取れる、郵送ＤＭ活用セミナー」

〈作成ポイント3〉

あえて疑問を残し、続きが読みたくなるようにする

テンプレート③：なぜ、○○なのか？

（例）

なぜ、社長アポ年10件の会社が1年で４００件、累計売上10億円になったのか？
なぜ、未経験から始めた法人コンサルタントが年商１億円超えができたのか？

以上3つのポイントを押さえた上で、実際にキャッチコピーを作成します。
そのステップは、以下の7段階です。

1．まず、仮のキャッチコピーを考えてください。

2. 単語単位で分解します。
3. 類語となる単語を各項目ごとに20個挙げます。
4. さらに興味深くなるよう単語の列を追加します。
5. いくつか候補を挙げます。
6. 単語の順序などを並べ替えながら、リズムのある流れを考えます。
7. 興味を引き、一瞬で心を掴まれるものになっているかを、もう一度確認し、決定します。

ここでは「売り込まずに売るネット戦略」を仮のタイトル（素案）と考え、7つのステップに当てはめながら考えていきましょう（図8）。

初めの仮タイトルと改善後のタイトルを比較してみましょう。

（素案）売り込まずに売るネット戦略
（改善案）見込み客を強烈に引き寄せる「他社がマネできない」ＷＥＢ集客法

競合が強い場合や、扱う業種によっては、もっと強い単語を使ってもよいでしょう。

ただし、やりすぎると怪しさが出てしまうので、そのバランスだけは気をつけてください。

●ボディーコピー

次に、ボディーコピーでは相手の問題を明確にして解決策を提示します。

見込み客を行動させるボディーコピー作成法を伝授します。

図8

売り込まずに			売る	ネット	戦略
濃い	見込み客を	継続的に	探しだす	ネット	戦略
強烈に	お客	自動的に	アプローチ	ホームページ	マーケティング
熱い	顧客	永続的に	引き寄せる	ウェブ	集客法
買う	新規客	永遠に	連れてくる	サイト	企画
厚かましい	信者	手間をかけずに	服従させる	マーケティング	手法
80%成約する	ファン	ほったらかしで	作る	販促	方法
激アツ	お金	可能な限り	構築する	秘密の	活用法
鉄板	売上	自動化マシーンで	生み出す	魅惑の	戦術
イケてる	利益	不労化し	増やす	教えたくない	作戦
大量の	収益	自動化し	◯倍にする	ウェブサイト	構築
売上に貢献する	クライアント	一瞬で	捕まえる	LP	ノウハウ
従順な	上得意客	溢れるほど	キャッチする	顧客獲得	開拓法
簡単に	リピーター	断りたくなるほど	ファンにする	WEB	対話術
猛烈に	キャッシュ	嫌になるほど	変える	Web	コミュニケーション
3倍	現金	磁石のように	獲得	市場	販促活用術
クールな	奴隷	圧倒的に	リーチする	新時代の	
ガツンと	常連客	他社が真似できないほど		最新	
ガッツリ	得意客	他社が焦るほど		心理	
未来の		他社が真似できない			

<候補案>

強烈に	見込み客を		引き寄せる	ウェブ	集客法
見込み客を	強烈に	他社が真似できない	引き寄せる	Web	集客法
3倍の	売上を	継続的に	生み出す	マーケティング	戦略
見込み客を	キャッシュに		変える	ヒミツの	戦略
見込み客を	強烈に		引き寄せる	LP	活用法

〈作成ポイント〉

相手の問題の原因を指摘し解決策を解決する。

＝＝＝＝＝＝＝＝＝＝＝

問題（〇〇という悩みはありませんか？）

←人は問題を認識すると解決したくなります。この原理を利用して「誰」の「どんな」悩みなのか具体的に書いて悩みに共感しましょう。

問題の原因（その悩みの原因は〇〇です）

←問題を指摘し悩みに共感したら、なぜ問題が起こるのか、原因を特定します。

解決方法（その悩みを解決する方法は〇〇です）

←原因を特定したら解決方法を提示します。商品サービスの特徴を記載して、問題を解決できることを論理的に証明しましょう。

成果（そうすると〇〇が手に入ります）

←解決方法を提示した後は、ターゲットにとってどんなベネフィットがあるのかを提示します。

登録を促す（その方法をまとめました。こちらから無料で受け取ってください）

ベネフィットを提示した後は、次の3つの方法のいずれかを使って感情を動かし、相手に行動を依頼します。

1．限定性を使う（人数・個数・期間などを限定にする）

2．特典を使う（商品と関連のある特典を提供する）

3．保証を使う（返品、品質、サポートなどで保証する）

＝＝＝＝＝＝＝＝＝＝＝

●クロージングコピー

クロージングコピーの役割は、相手に行動してもらうこと。

そのために必要な3つのポイントを伝授します。

〈作成ポイント1〉

オファーを提示し、何が得られるのかを明確にする

問い合わせをすることで何を得られるのかが分からないと、相手は行動してく

れません。

〈作成ポイント2〉
問い合わせフォームの項目は最小限に

入力項目が増えれば増えるほど相手は面倒くさいと感じて、行動してくれません。

〈作成ポイント3〉
行動を促す

お問い合わせが欲しいのか、資料請求が欲しいのか、メールアドレスを登録してほしいのか、どんな行動を相手に取ってほしいのか、ちゃんと伝えることです。恋愛でもそうですが「付き合ってください」と言わなければ恋が実ることはありません。

ぜひ、検索した見込み客が問い合わせをしたくなるようなLPを作ってみてください。LPが、あなたの代わりに文句も言わずに24時間365日営業してくれます。

効果が出る2つの極短LP

LPは基本的に縦長になるとお伝えしましたが、文章が書けない！　と思ったあなたにお勧めのLPがあります。

それが、2つの極短LPです。

1つ目は動画だけ表示させるLPです（図9-1）。

サイト上に動画と申込みフォームしか表示しないLPです。

LPによっては動画を一定時間再生するとフォームが現れるタイプもあり

図9-1

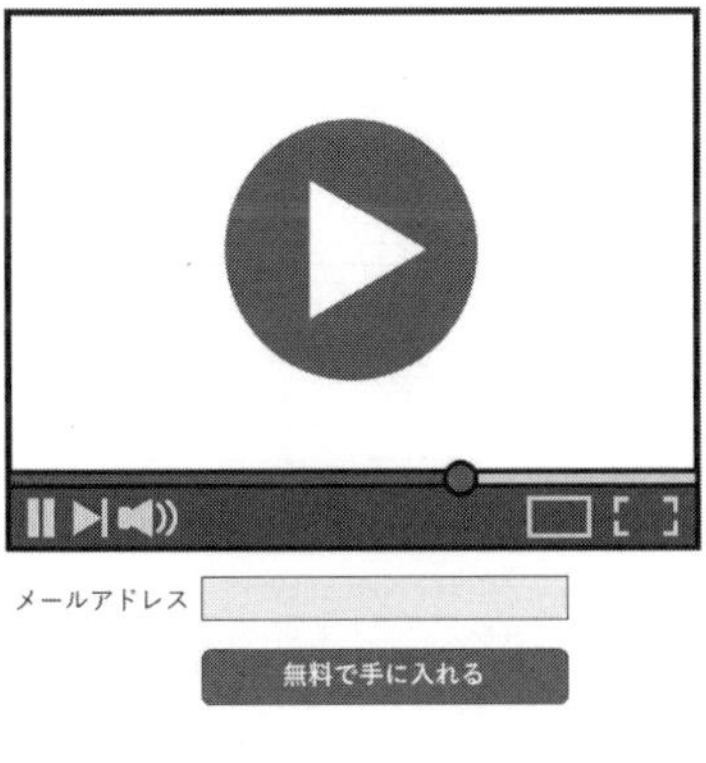

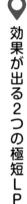

ます。
文字ではなく、動画で訴求したい方にお勧めなLPです。

2つ目はキャッチコピーと見出しだけのLPです（図9-2）。

サイト上にキャッチコピーと見出ししか表示しないLPです。
長い文章を書くのではなく、今すぐ客向けだけに訴求します。
上下のスクロールができないくらいシンプルな構成で、メッセージが刺さると即効性が高く、登録率が高いものです。

図9-2

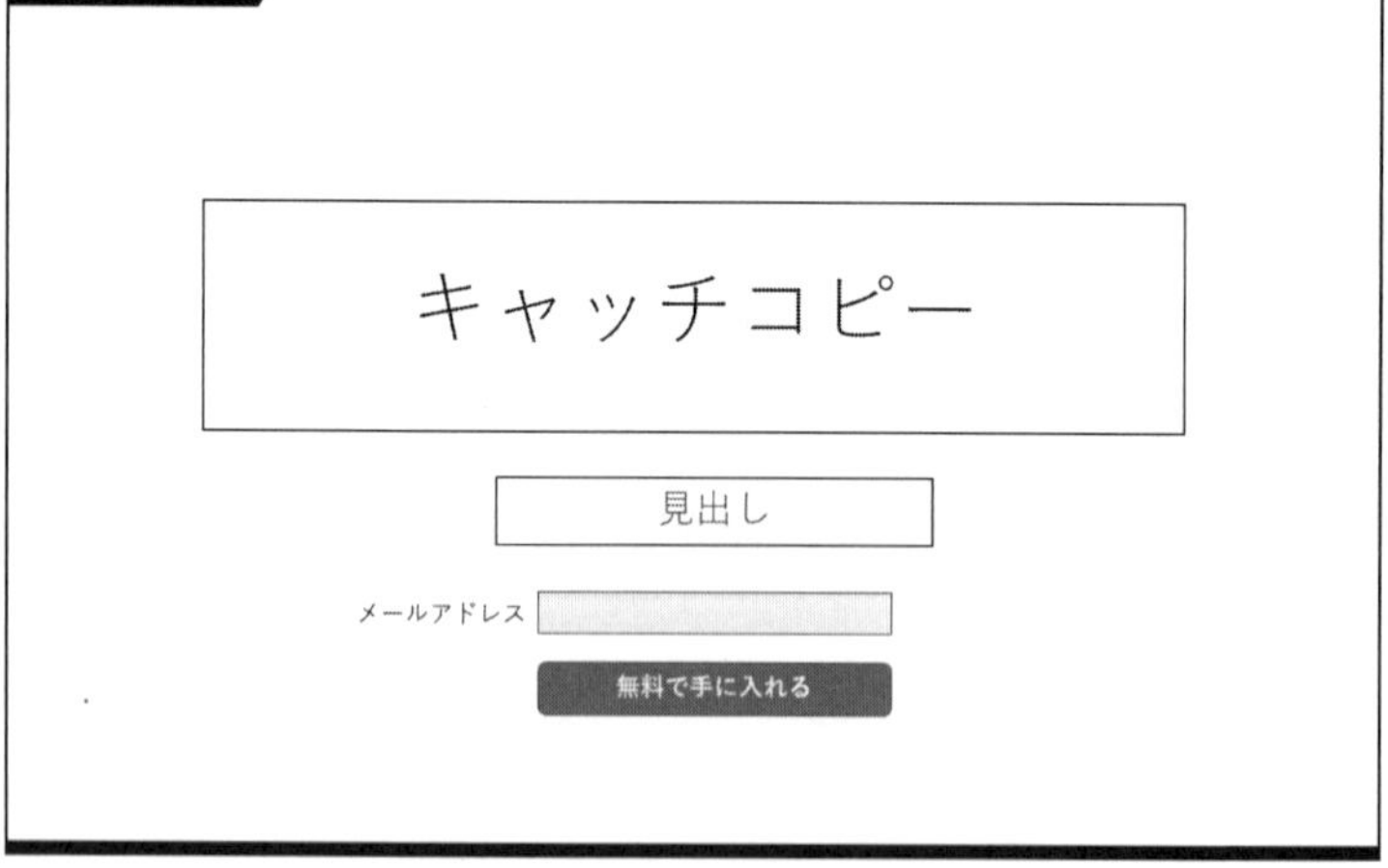

ジョイントベンチャーでプル型の集客導線を設計し加速する

さて、このようにプル型の集客導線を設計するのですが、次は紹介の視点から見てみましょう。

「早く行きたければ一人で行け、遠くへ行きたければみんなで行け」
(If you want to go fast, go alone. If you want to go far, go together.)

これは、アル・ゴア元米副大統領がノーベル平和賞授賞式典の演説で引用して有名になったアフリカの諺で、僕が好きな言葉です。

あなたはこの諺をどう解釈しますか。

僕の解釈では、法人営業でより成果を出したければ、自社の力だけではなく外部の力も使う。

つまり、「外部の専門家活用」です。

第1章で解説した通り、ヒトのリソースが重要です。プル型の集客導線を設計する際に社長や社員の能力を高めることで、WEBページを作って成果を出すスピードは上がります。

しかし、全てを自社内で完結することは不可能に近いのです。

なぜなら、マーケティングやセールスの専門知識や専門スキルの獲得には時間とお金がたくさん必要だからです。

そして、費用をかけて育てたとしても優秀な人材ほど転職や起業で離職します。

そこで、必要になるのが、外部のヒトリソースを活用してスピードを上げることです。

いわゆる、アウトソーシング、業務委託、外注、コンサルティングなどと呼ばれるもので、人材を採用せず、外部から集めるほうがスピードが上がります。

特に近年はクラウドソーシングの誕生で、社内に多くのヒト資源を抱える必要がなくなり、外部の専門家に依頼しやすい環境になっています。

では、どのように外部業者を活用すればいいのでしょうか。

その答えが、ジョイントベンチャーです。

ジョイントベンチャーとは建設業界では一般的です。

例えば注文住宅を受注したとします。

家を建てるときには様々な会社が協力します。

土地を更地にする会社、基礎を造る会社、建物を建てる会社、外壁を塗る会社、電気配線を作る会社、それぞれにそれぞれの得意分野があります。

これを1つの会社がやっていたら大変です。

つまり、他社の持つ経営資源と自社の持つ経営資源をつないで、家を建てるという目標を達成する。

リソース同士を組み合わせて、双方の発展を狙う提携をすることです。


そして集客導線を設計する際に必要なのが、業者の紹介。


顧客から見込み客を紹介してもらうのが一般的ですが、業者からの紹介なら一定数の確率で集客が可能です。

なぜなら、お互いが定期的に集客をしているからです。

例えば、弊社の場合は数万規模のリストを持っている企業とコラボレーションで郵送DMセミナーを定期的に企画したり、DM会社やテレアポ会社と組んで相互送客したり、同業他社のコンサルティング会社と顧客紹介を行っています。

お互いの見込み客属性が似ていて、顧客のニーズが同じだがお互いの商品サービスが異なる場合は、特に組みやすいです。

身近な例だと、住宅販売会社とカーディーラーと金融機関と保険会社です。家を建てるときはローンを組むことが必要ですし、車も新しくしたい人や保険を見直す人もいます。

羽田空港のターミナルにベンツが展示してあるのも、ジョイントベンチャーの提携例です。

このようにプル型の集客数を一気に上げる効果がありますが、組む相手との信頼関係がないと成り立ちません。

逆に信頼関係を構築できると長く集客ができます。

したがって、「自分さえよければいい」という奪う思考の人は大きな売上を上げることができませんし、ジョイントベンチャーも上手くいきません。

あなたのビジネスと相性がよいジョイントベンチャー先を探してみてください。

プッシュ型の集客導線を設計する

さて、このように、プル型の集客導線を設計して待っていればよいのかといえば、そうではありません。

なぜなら、案件数が足りないからです。

プル型の問い合わせが仮に月10件あっても、成約は2件が標準です。

時流やブームに乗った商品サービスであれば毎日問い合わせが来ることもあるかもしれませんが、それが毎月、毎年、ずっと続くことは稀です。

仮に今月、プル型の問い合わせが10件来て2件成約したとして、来月はどうでしょうか、再来月はどうでしょうか。永遠に続くことはなく、コントロールすることはできません。

さらに、今月は2件ではなく4件成約することが目標になったという場合、都合よく2倍の月20件の問い合わせが来るかといえばそんなことは起こりません。

つまり、プル型の集客導線だけだと売上は頭打ちとなるのです。

逆に、会社としてこちらから仕掛けていくプッシュ型の集客導線を設計できると、売上が青天井に伸びていきます。

僕はプッシュ型の集客導線を設計することで、ゼロから1000社の法人を開拓できました。

ただし、難易度は高い。

その証拠に、法人営業未経験から始めた1年目はテレアポ1日200件、1年間で5万件架電しましたが、契約は0件でした。

このように、何の知識もなく取り組むと「お金」と「時間」が無駄になります。

そこで、ここからはプッシュ型の集客導線の設計を一緒に作っていきましょう。

第2章で、企業が何かの商品サービスを購入するとき、基本的に3つの経路しかないと述べていたのを覚えていますか。

1つ目は「検索」、2つ目は「紹介」、3つ目は「広告」でした。

検索はプル型だけなので、プッシュ型は「紹介」と「広告」を使います。

まずプッシュ型の紹介ですが、基本的に顧客からの紹介を狙います。

待っていても紹介は出てきません。

こちらから仕掛けて、紹介を生み出すために重要なことは次の2つです。

1：お客様の声を取得する仕組みを作ること

2：紹介顧問になってもらう契約を結ぶこと

お客様の声を取得するためのポイントは、契約時に条件の1つとして入れておき、納品時に導入経緯をインタビューし取得すること。もしくは、サービス提供後に成果を感じてもらったタイミングを見計らってインタビューをお願いしましょう。

インタビューで聞くことは、図10に示した6項目です。あらかじめ回答例を書いておくことがポイントです。

お客様の声　導入経緯インタビュー

1

○○を購入する前に、どんなことで悩んでいましたか？

（例）法人顧客を開拓する方法を模索していました。

2

何がきっかけで、○○を知りましたか？
インターネットがキッカケの方は検索したキーワードを複数教えてください。

（例）本がキッカケです。法人営業　本　で検索しました。

3

競合他社さんのどの商品を比較検討されましたか？

（例）集客代行会社 A です。

4

何が決め手となって○○を購入しましたか？

（例）実績と保証があったからです。

5

実際にどういった数値結果（成果）を期待しますか？

（例）毎月 5 件の法人を新規開拓できる未来を手に入れたいです。

6

最後に、こんな人に紹介したいという方がいれば教えてください。

（例）法人ビジネスをやっている友人の○○さんですね。

図 10

お客様の声　サービス提供後インタビュー

0
成果は何でしょうか？
（例）アドバイス１週間で180万円の契約が決まりました。

1
簡単にお仕事内容をお願いします。
（例）法人集客の仕組み化を教えているマーケティングコンサルタントをやっています。

2
コンサルティングを受けて具体的に数字がどう変わりましたか？(Before→After)
（例）半年で売り上げは５倍です。労働時間は３分の１になりました。

3
期間と手法はどのような内容でしたか？
（例）訪問型から来社型に変えました。集客手法は郵送のDMでした。
テンプレートに当てはめるだけの数時間で作成したのですが、
それが何千万円も稼いでくれています。

4
コンサルを受ける前の最大のお悩みを教えてください。
（例）時間です。
お客様を獲得しても労働集約型になって忙しい状態が続いていました。
このまま続けていく将来が不安でした。

5
数字以外にコンサルを受けて感じるメリットはありますか？
（例）時間を短縮できることです。何を聞いても教えてもらえますし、
無駄な失敗をしなくてすみます。

6
こんな人にお勧めしたいという人は具体的にいますか？
検討されている方に一言、お願いします。
（例）法人ビジネスをやっている友人の〇〇さんですね。
集客と営業を学んだことがない方は、本質を教えてくれるので話を聞いてみるとよいと思います。

インタビューをする際に一緒に紹介を促します。

もしその場で紹介が出なくても、紹介料を支払う紹介顧問契約を結んでおけば、お願いしなくても紹介が出てきます。

取得したお客様の声は、ホームページやYouTubeチャンネルにアップしておいてください。

お客様の声の効果は計り知れません。

なぜなら、お客様の声が新規営業に使えるからです。

業界で有名なお客様の声が取得できれば、商品サービスではなく「○○という会社で導入いただいている」と社名を伝えるだけで新規のアポイントが取れます。

また、手数料は高いですが、あなたの代わりに仕事や見込み客を紹介してくれる集客代行会社もあるので、活用することも忘れないでください。

プッシュ型の集客とは実績の告知である

なぜ、プッシュ型の集客導線を設計する際にお客様の声を取ったのか。
それには明確な理由があります。
「プッシュ型の集客とは実績を告知するもの」だからです。
多くの企業は商品サービスをプッシュ型で伝えようとします。
しかし、それでは上手くいきません。
なぜなら、相手はその商品サービスが欲しくないからです。
常に「商品は壁」ということを意識してください。

特に商品に惚れて起業する人、特許を取得した商品を扱う人が陥る罠です。
結局、お客様は商品の先にある願望を叶えたいだけだったり、困り事を解消したいだけだったりということなのです。

ですから、商品はあくまでその課程でしかないということを押さえておいてください。

商品はお客様にとってみれば、願望を叶えたり、困り事を解消するための壁です。

お客様というのは、商品がなくても願望が叶えばそれでいいと思っています。

さらに言えば、新規のお客様は無料だったらそれでいいとさえ思っています。

これを無視して俺の商品最高！　とアピールすると、商品が売れないのです。

だから常に商品は壁、そして、商品は願望だったり困り事を解消するためのツールだという発想にしてください（図11）。

こう考えていくと、今までの発想はどういうふうに変わってきますか？

結局、多くの会社が商品一番！　という発想なので、見当違いな方向に行きます。

打ち出すメッセージもそうです。全部商品、商品、商品、商品となってしまっています。

でも、お客さんはそもそも商品は欲しくない。

機能をどれだけよくしたところで「別に」という話です。

したがって、プッシュ型で何を伝えるべきなのかといえば「実績」です。商品を使うことで次のような実績があることを伝えるのです。

・どういう願望が達成されるのか
・どんな困り事がどんな手段で解決するのか
・今までどこの会社で取り入れられていて、何社導入されているのか
・どういう数字結果が出たのか

図11

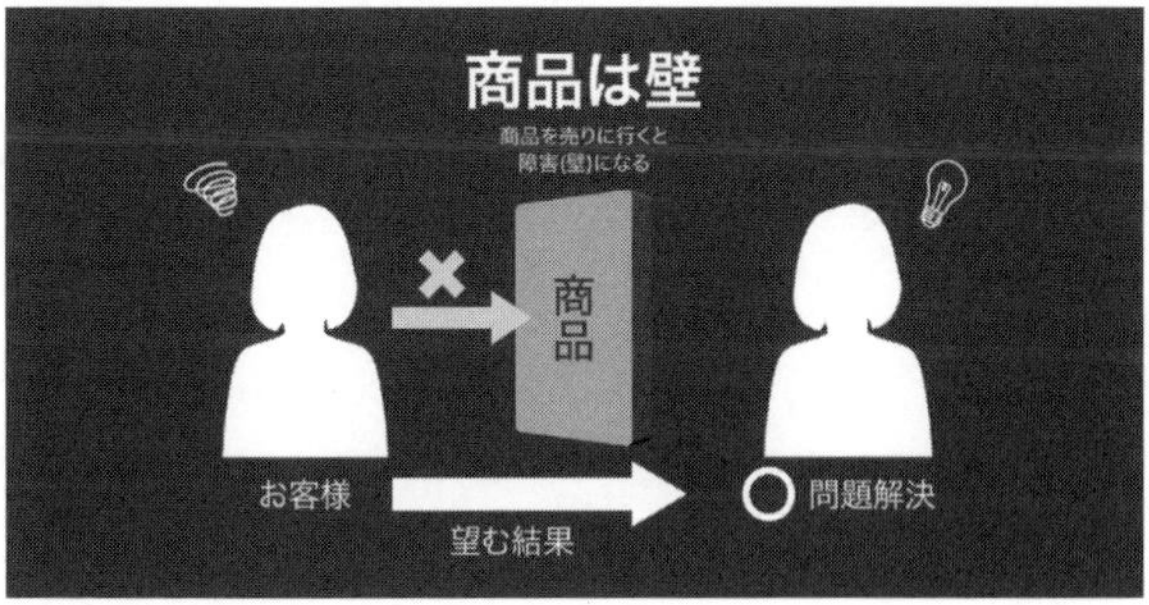

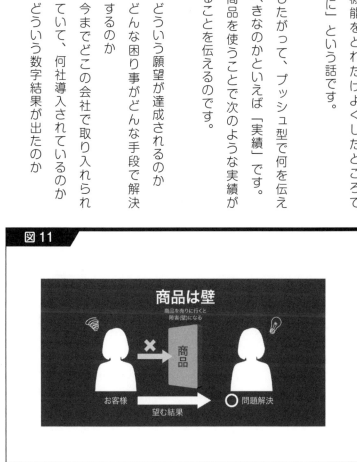

商品の実績に加え、本やテレビや雑誌などメディアでの実績も加えます。

このように、プル型の場合は商品を告知でよいのですが、プッシュ型でアプローチするときは実績を告知することをやってみてください。

実績の告知を誰にすればよいのか

では、告知すべき実績を集めることができたところで、次は伝える相手を決めていきます。

ビジネスが下手な稼げない人に限って、「あなたのターゲットは？」と聞くと「年商1億円から10億円の中小企業です」などと、ターゲットが曖昧な答えをします。

あなたは、これまでにビジネスを行う上で「ターゲットを絞りなさい」と聞いたことがあるかもしれません。

しかし、これは断片的な情報であって、ある要素を無視してターゲットを設定したところで、お金になるどころか、かえって混乱を招く羽目となります。

大事なのは「見込み客を把握した上でターゲットを絞ること」です。ここで、まずは見込み客について次のような2つを定義をしてみます。

1：お金を払う心の準備ができている人

2：お金を払ってでも問題を解決したい人

ざっくりとした定義ですが、この2つが見込み客の定義と言えます。

しかし多くの人は、この見込み客を無視していきなりターゲットを絞ってしまうため、結果、冷やかし客にアプローチする羽目となるのです。

そうではなく、まずは見込み客を把握した上で、ターゲットを絞っていくことです。

「見込み客＞ターゲット」

この優先順位を意識した上で、ターゲットを絞ることは非常に有効であり、お金を生み出す根源的要素となります。

この見込み客の簡単な例として分かりやすいのは、既に競合他社の商品サービスを買っている人です。

既に買っている人の中からターゲットを絞っていくのです。

そして、**最短で法人開拓を成功させるには、社長アプローチが最重要ポイントとなります。**

なぜなら「決裁権」を持っているからです。

ここで言う決裁権とは、商品サービスを購入するかどうか最終判断を下す権利です。

中小企業の場合はほぼ社長である場合が多いのですが、大手企業ですと、部署の責任者など決裁権を持っていることがあるので、部署の責任者にアプローチしてみてください。

つまり、決裁者をリストアップして実績を告知し、魅力的な提案を行えるかどうかが重要となります。

見込み客リスト、3つの集め方

では、見込み客を押さえた上でリストを集めていきましょう。

改めて言うまでもなく、プッシュ型で法人営業を成功させるには、このリストがキモになります。

営業リストは会社の資産だと考えましょう。

リストがダメだと集客やその後にやる営業にも影響し、全ての効率が悪くなってしまいます。

「早く！　安く！　大量に！」と思いがちですが、このリストは慎重に作る必要があります。

闇雲に営業する前に、リストの質を高めることを意識してください。

見込み客リストを集めるには次の3つのパターンで用意します。

1：買う

2：借りる

3：作る

この3つのパターンを上手く組み合わせて時間を最小限に抑え、効率的に作成していきます。

リストは量に目が行きがちですが、最初は質が大事です。

1の「買う」ですが、こうしたリストを取り扱う有名な企業ですと「帝国データバンク」「東京商工リサーチ」などが挙げられます。

ただし、こうした有名企業が提供するリストは価格が安いわけではないので、オンラインで買う方法もあります。

例えば「Musubu」は、データアナリストと最新のテクノロジーの力を組み合わせて作った企業情報データベースです。140万件以上からターゲティングしたい企業を選定し、購入ができます。

僕は先に挙げた企業からリストを買った経験がありますが、他にも法人リストを販売している会社は数多くあるので、「法人リスト　○○」で自分がターゲットとしている企業を調べて購入してみてください。

ただ、ひとつ注意点として挙げたいのは、これらのリストを買うデメリットとして「擦り切れリスト」になっている可能性があることです。

あなたが買えるということは、競合他社でも買えるものでもありますし、さらにリアルタイムで収集した情報ではないので、リストの情報自体が古くなっている可能性が高まります。

次に2の「借りる」ですが、これについては一番簡単なものに他の企業から借りるという方法があります。

テレアポ代行会社、メール営業会社、FAX・DM会社、セミナー集客代行会社、案件紹介会社など、集客や営業支援会社のサービスを使うことでリストを提供してもらえます。

ただし、これらのリストについても、前述した「買う」ケースと同様に擦り切れリストである可能性があります。

借りるについては、他にも企業と協業することで借りることもできます。協業セミナーなどでお互いのターゲット企業が一致する場合に有効です。

自分たちの力でやる場合には、媒体を借りるという方法もあります。

媒体を借りるとは、これはその名の通り、媒体にいる見込み客に対して広告を出し、リストを集めていく方法です。

あなたが想定したターゲットが見ている媒体を探してください。

例えば、Meta、Instagram、YouTube、X、LinkedIn、展示会、WEBメディアなどの媒体などです。

これら法人の見込み客が見ていそうな媒体を借りて、広告を出すことで媒体の信頼を借りながらリストを集めることができます。広告の出し方は次章で解説します。

3の「作る」ですが、これについて僕が**最もお勧めしたい方法は「自社でリストを作る」方法**です。

僕の場合は営業モチベーションを自動巻きにする営業管理システムを販売しており、営業社員にお金を払っている社長の中から業種を不動産業に絞りました。

そして、求人広告で営業職を募集している企業にさらに絞りました。

なぜなら、お金を払ってでも営業社員を雇いたいと思っているからです。

そんな企業にとって、営業社員のモチベーションは業績を左右する重要な要素となります。

そこで、リアルタイムに求人広告へ出稿している企業を独自に収集。

さらに、競合他社のお客様の声に掲載されている企業を独自に収集していきました。

このように見込み客を抑えたオリジナルリストを作ることが重要です。

ただし法人営業リストは、何度もアプローチしていくにつれて営業担当者は「古くなってる」と感じ始めます。

法人営業の場合はタイミングが全てなので、情報さえ正しければ問題ないのですが、営業担当者は「アプローチして一度断られたから古いのかも」などといった先入観を持ってしまいます。

この問題の解決策は「新規リストを入れる」です。

専任の担当者を置いて、新規法人リストを常に入れていきます。

僕の場合ですと、求人媒体を見て新着で上がってきたリストを常に収集して既存のリストに足していました。

一般的に、会社が10年後に存続している確率は約5%と言われています。

また、成長している会社ほど住所が移転したり電話番号が変わっていたりします。

つまり情報が変化するので、法人リストは定期的にメンテナンスが必要です。

そのためには「自社で営業しながら修正する」しかありません。

ですから、自社で作る仕組みを構築しましょう。

リストに必要な情報は「企業名、企業URL、住所、電話番号、代表者役職、代表者氏名、問い合わせフォーム」の7項目です。

これらの項目を、1件1件企業のホームページを見ながら丁寧に収集していきます。

もちろん、時間がかかる作業ではありますが、リストはお金を生む源泉となります。

このようなリスト作成には、クラウドソーシングを活用するのも有効です。

企業が不特定多数に業務を発注できる仕組みのクラウドソーシングはアウトソーシングの一形態で、発注側は人材採用コストを抑え、必要なときにピンポイントで業務を発注できるのがメリットです。

内容にもよりますが、簡単なリスト作成データ入力だと相場は1件10円からあります。

そして、WEBスクレイピングツールを使うことでも、WEBサイト上の情報をシステムが自動的に収集する作業を行うので、時間を短縮できます。

プログラミング技術がない人でもWEBスクレイピングを実行できます。

無料でも使えるツールが数多くあるので、WEB上に公開されているデータを効率的に収集して業務に活用したいと考えているなら、ぜひ一度利用してみてください。

このように、法人営業リストは「買う」→「借りる」→「作る」の3つのサイクルを回して構築することで売上につながります。

リストに対して信頼構築する重要性

あなたは、これまでに「リストは大切だ」ということを一度は聞いたことがあると思います。

確かに、江戸時代の頃からリストの概念はありました。

その証拠に、「火事の際には大福帳(顧客名簿)を持って逃げろ」と言われたぐらい、リストは商売人にとって非常に大切な存在です。

ただ、同時にこのリストに対して勘違いする人も増えてきました。

その勘違いとは、ただのリストと購入者リストを同じものだと思っていること。

しかし、この2つには「雲泥の差」があるのです。

これは、見込み客という部分に大きく関わってくるのですが、見込み客リストでなければ、何の意味もないということです。

なぜなら、ただのリストはタウンページなどで無料で手に入ります。

しかし、そんな形上のリストを手に入れたところで、何の役にも立ちません。

だから、テレアポやメール-DMやFAX-DMは反応が悪いと言われているのです。

それもそのはず、その大半は「見込み客ではない」からです。


では、どうすればよいのか。

それは、「購入者リスト」に着目すること。自社リストだけではなく、他社のリストも含めるということです。

なぜなら、既存客および他社のお客様というのは、業界から見れば見込み客が確定しているからです。

業界によっては購入者リストだけに広告できる媒体が存在します。通常の広告と比べて配信数も減り、少し割高ですが成約率は逆に上がります。

なぜなら、業界の見込み客にダイレクトアプローチできるからです。

ですので、ターゲットだけが絞り込まれた配信の多い広告媒体だけではなく、きちんと見込み客がいる広告媒体を選定することです。

これは、展示会なども同じです。

人だけがその会場にいても、その大半が冷やかし客であれば出展料を無駄にするだけです。

このリストの概念は、何でも同じです。

多ければ当たるというものではありません。

そして、最も大事なことは「信用信頼があるリスト」であること。

言葉を変えると、何を言うかよりも誰が言うかのほうが大切なのです。

正直、リストに対して信用信頼を構築するのは時間がかかります。

僕の場合は、見込み客リストには2日に1回、顧客リストには1日1回のメルマガ配信を行い、信頼構築をコツコツと行っています。

時間を味方につけてコツコツと信頼構築している会社と、狩りのようにその場その場だけで対応している会社とでは成果に差が出ます。

例えば、僕は最近、見込みリストをベースにメールで高額講座を販売しました。書いたメールはたった5通、時間にして1時間です。

それでコンサル売上が１４１０万円です。

時給１４１０万円は相当効率がよいほうだと思います。

このように、信頼構築をしていると企画を提案すれば一定数が買ってくれるのです。

①　見込み客リストを集め続けること

②　リストに情報提供し信頼構築をすること

③　企画をすること

この3つを定期的に続けてください。

すると、あなたのリストがただの名簿から資産に変わります。

ここまででリストの重要性と取得方法を理解してもらえたと思いますので、次の章ではリストを集める集客手段を解説していきます。

新規客獲得 column

マーケティングで大事なのは「しつこさ」

あなたは何かに取り組んだとき、すぐに諦めた経験はありませんか。

例えば、セミナーを開催したとしましょう。

セミナー企画を考え、募集ページを作成し、告知開始。

そのとき、人が集まらなかったらすぐに諦めませんでしたか。

しかし、考えてください。

この諦めるという行為は、あなたの未来の可能性を自ら断つということです。

だから、やれることはすべてやりきってほしい。

「やれることは全部やる」という考えでやってほしいのです。

極端な例ですが、例えば「神社に行って神頼みをする」という精神的な策を思いついたとき、神社に行かなかったことが原因で上手くいかなかったら嫌なのです。

やるやらないというよりは、自分が納得できて、やれることは全部やる意識が大切です。

そして、そのとき行うべきは、フレームワークの5W2Hを思い出して「どうしたら」とフォーカスして考えることです。

僕もこのような局面に対峙したとき、WHY、つまり「何で人が集まらないのか」というマイナスな考えもよぎりました。

しかし、この考えは、マイナスしか生み出しません。

ですので「何で？」は、禁句です。

もし、試練が来て壁にぶち当たったら、こう自分に質問を投げかけてください。

「どうしたらこの状況を回避できるか」

この質問が、あなたに解決策とヒラメキを与えます。

そのときに大事なのは「期日は絶対伸ばさない」ということです。

「今月達成できなくても来月があるからいいや」

稼ぐ人は、こんな甘えを言うことはありません。

では、どのような意気込みなのか。

「子供を誘拐した。●月●日までに身代金1億円を用意しろ」

そんな、犯人からの脅しを受けたときと同じ覚悟で、ビジネスと向かい合っているのです。

このセリフを見て、あなたはここまでの覚悟を持って日々を過ごしているかどうか、振り返ってみてください。

・稼げなければバイトでも掛け持ちするか
・身代金1億円が用意できなければ殺される

どちらの考えの人が成果を出すでしょうか。

同じ起業家であっても全く意識が違うのが分かると思います。

これが起業し「稼ぐ」ということです。

起業家にとって「利益が上がらない＝死」を意味します。

しかし、このような意気込みがない人は、全く稼げない、もしくは、稼げても年収1000万円止まりで終わってしまいます。

これだとサラリーマンをやっているのと変わりはありません。

後悔しないように全てやりきったと言えるまで、食らいつくことです。

そのしつこさが、あなたの未来を切り開き、勇気と自信につながります。

マーケティングには「しつこさ」が必要なのです。

第4章

法人の見込み客を集める「集客ツールの作成」

見込み客を成約させる考え方

さて、ここからは集客についてお話していきます。

インターネットやＳＮＳがインフラとなった今の時代に、粗悪品を扱っている会社は少ないです。

もちろん、新規の人に売れる商品力は大事なのですが、商品やサービスにそれほど大差はありません。

例えば、僕のようなコンサルティング業界だと、コンサルタントの能力（スキル）に大差はありません。

しかし、コンサル業界の実態を見ると３００万円くらいしか稼げない人から、１億円以上稼ぐ人までいます。

なぜなのか。

その理由は「集客力」の差です。

先述のプル型であれば、商品サービスを広告すれば案件が獲得できます。

しかし、紹介やリピートや待ちの営業だけでは売上は頭打ちになります。

したがって、プッシュ型で集客ができる企業とできない企業では、売上に雲泥の差がつきます。

集客に苦戦する企業は集客を学ばないですし、他社任せにするものです。さらに、商品がよければ集客ができると勘違いしています。

一方で、集客ができる企業は定期的に集客スキルを学び、自社で行っています。

では、そもそも「集客力」とは何か。

何をどう伝えるかというコピーライティングの力
商品と見込み客をどう橋繋ぎするかというシナリオ構成の力

簡単に言えば「伝え方」です。

あなたの商品サービスを、見込み客にどのような文字でどのような構成で伝えるのか。それが上手い企業は集客に成功しています。

大事なのはメッセージです。

「何が手に入るのか」

この問いに答えることが最重要です。

「なぜ、アプローチをしてきたのか」

特にこちらからアプローチする場合は、この問いに答えることも必要です。

〝下手な鉄砲も数撃ちゃ当たる〟戦法が通用していた昭和の営業スタイルは時代遅れです。

無料オファーを用意してマーケティングを仕掛ける。見込み客が「必要だ」と思えば反応してくれますし、必要なければ反応してくれません。

さらに、集客に成功しても成約しなければ何の意味もありません。

伝え方と共に、成約させるために必要なのが実績です。

あなたは新規の会社を見るとき何を見ますか。

それと同じで、あなたが何かの集客をした際に、相手は会社名や社長名で検索をしてきます。

そのときにホームページがなかったらどうでしょうか。

不安になりませんか。

ですから、最低限ホームページが見込み客に安心を与える内容になっている必要があります。

できれば、ブロクをたくさん書いていて、ＳＮＳでも発信していて、実績がたくさんある専門家だと思ってもらえるとなおよいでしょう。

そして、プッシュ型の集客の前には「認知」というフェーズがあります。

あなたは、知らない会社から商品サービスをプッシュされて買うことはできますか。

多くの企業はいきなり集客しようとして失敗します。

実はプッシュ型の場合は「認知」→「集客」の順番なのです。

したがって、何かの集客を１回やってみて効果がないからやめる企業が多いのですが、認知されるために何度も定期的にアプローチし、まずは相手に認知してもらう必要があります。

ちなみに、認知は見込み客のメールアドレスの取得、集客は会社名や名前や電話番号の取得です。

そして、「法人営業はタイミング」です。今はダメでも半年後に成約になる可能性は大いにあります。

プッシュ型の集客を始める前に、「目に見えない信頼構築」や「認知」が成約には必要だということを忘れないでください。

ゼロから1000社を新規開拓した、郵送DM活用の集客法

繰り返しになりますが、まずはあなたの見込み客が誰なのか、そして、どのように認知してもらえるのかを考えてアプローチしなければいけません。

零細企業や個人事業主や中小企業の担当者が見込み客であれば、テレアポやFAX-DMやメール-DM、問い合わせフォーム営業は有効な手段です。

しかし、僕の場合は見込み客が中小企業の社長でした。

「初めまして！」とテレアポしても社長にはつないでもらえない。

ＦＡＸ-ＤＭを送っても社長の手元には届かない。

メール-ＤＭは文字数の制限があるため、こちらが伝えたいメッセージが届かない。しかも、迷惑メールに振り分けられることで会社ドメインの評価が下がる。

問い合わせフォーム営業は、事前に許可を取ったり、相手の企業をじっくり調べて１件ずつ仮説を立てた提案文章を送ったりするならまだしも、「コピー文章を大量に送りつける行為」と「そもそも相手が問い合わせを受けるフォームに営業する行為」が迷惑。

そこで行きついた結論が、手紙を書いて社長に送ることでした。

つまり、郵送ＤＭアプローチです。

手紙であれば読む読まないは相手が決めますし、こちらが伝えたいことを全て伝えることができます。

このように、僕の場合は郵送ＤＭを主軸にしてゼロから１０００社の法人開拓をしました。

多くの会社が、DMを使っても集客につなげることができないのは、商品そのものを表に出してパンフレットなどを封入してしまうからです。

これはDMあるあるなので、この罠にハマり痛い目に遭った人も多いかもしれません。

そもそも新規客は「商品」ではなく、その先にある「結果」を望んでいます。願望であったり、悩み解消であったり。

この観点なくして、商品をいきなり打ち出したところで無視されるのは当然です。

では、どうしたらよいのか?

いくつかのポイントを抑えることができれば、集客コストを抑えながら優良顧客につながる集客を実現させることができます。

大事なことは、次の2つ。

「コピーライティング」と「魅力的なオファー」です。

それぞれ解説していきます。

ＤＭには、あなたが望む行動を相手にしてもらう「言葉」が必要です。

今までに「コピーライティング」という言葉を聞いたことはありますか。

一言で説明すると、「紙の上のセールスマン」です。

要は、あなたの代わりにセールスをしてくれる存在だということです。

僕が、なぜ対面しなくても様々な商品を販売したり、クライアントさんを継続して増やすことができているのかというと､その答えは簡単で､このコピーライティングのスキルを使っているからです。

そして、このコピーライティングのスキルさえ身につけてしまえば、集客だけでなく１００万円以上の高単価な商品であっても、対面営業することなく売ることができるようになります。

ただ、このコピーライティングについて、皆さんが勘違いしていることがあります。

それは、「上手な文章を書くこと＝コピーライティング」だと思っていることです。

そのため、多くの人はコピーライティングを難しいと感じ、「自分には文章力がないから無理だ」と感じてしまうのです。

でも、安心してください。

コピーライティングに文章力は不要です。

分かりやすく言えば、対面営業で成約が決まったトークを文章にするだけです。

コピーライティングとは、いわば料理です。

そして、料理は素材とレシピがあれば、基本的には誰でもできます。

コピーライティングも同じで、素材を組み合わせる作業ですので、むしろ学校で習ったような文章はかえって障害となり、邪魔なだけです。

ですから、あなたも郵送ＤＭで必要な素材とレシピを知ってください。

そして、このコピーライティングを身につけることでのメリットは、もう１つあります。

それは、「売れる構成」を手に入れることができるということです。

要は、コピーライティングは文章力で売るのではなく、どんなストーリーで話を展開するかという構成力が重要になってきます。

そして、この売れる構成さえ身につけてしまえば、上手な文章ではなくても売ることができます。

あなたが意識しなければいけないのは、法人の見込み客に対して、「あなたの売り込み言葉」ではなく「読み手の中にある現実」で伝えていくことです。

次に「魅力的なオファー」です。

法人に対してはいきなり郵送DMで商談を持ちかけても、断られるケースがほとんどです。

つまり、法人向けに効果的なのは次の2ステップ方式です。

ステップ1．連絡先を取る

ステップ2．商談を依頼する

法人向け郵送ＤＭでは、オファーにいかに反応してもらえるかだけを考え、それに徹します。

ここをよく覚えておいてください。

あなたが何をしたいかではなく、相手が郵送ＤＭを読んで何を望んでいるかなのです。

多くの人は少しでも自社商品を知ってもらいたい、販売したいということで、アポイントを打診したり、自社の商品カタログを送るオファーを提示したがりますが、はっきり言ってそのようなオファーは法人向けＤＭではあまりよい反応につながりません。

なぜなら、郵送ＤＭを読んで興味があっても、無料の製品カタログ送付というオファーに応え「無料カタログを欲しい」という意思表示をしようものなら、たちまち売り込まれてしまうという警戒心が働くからです。

【相手にとって魅力的なオファーの3条件】
1．無料である
2．手間や負担がかからない
3．売上が増える、コストが減ることを数字などで具体的に感じさせるもの

例えば、次のようなものです。
・無料サービス
・無料小冊子
・無料レポート
・無料セミナー
・無料診断

これらに共通するポイントはただ1つ。

どうやったら無料オファーで、あなたの商品サービスのベネフィットを最も直接的に伝えられるかです。

そして、オファーする場合に重要なのが、「手間や負担がかからないこと」です。手間や負担がかからないとは、例えば、相手に年間の光熱費の金額を記入してFAXで送ってもらうだけで、節約できる年間の光熱費の概算額を返信するといった内容のオファーです。

これだと相手は抵抗なくオファーに応じやすい。

「どれくらい節約できるかご説明に伺います。ご希望の方はFAXを返信ください」というオファーではダメなのです。

最後に、法人の目的は収益を上げることなので、「売上が増える、コストが減る」ことを数字などで具体的に感じさせることが重要です。

以上が、郵送DMを行う上で成否を分ける視点となります。

ちなみに郵送DMは参入している会社が少なく、「独占状態」（業種によってはライバル皆無）となるので、ライバルに真似される心配もありません。

自社のよさをしっかり伝えて、共感・共鳴してくれる会社とだけ付き合えばよいのです。

しかも郵送ＤＭを使うことで決済者の社長にダイレクトにアクセスすることもできるので、煩わしい交渉に時間を裂かれることもありません。

また、相手および自社の規模に関係なく郵送することができるので、自分は駆け出しの弱小企業であっても上場企業にアプローチを仕掛けて「顧客にする」なんてことも可能です。

その証拠に、僕はコンサルタント起業して間もない頃に健康分野で活躍する東証プライム上場企業に郵送ＤＭを送付することで、社長から問い合わせがあり、上場企業の社長を顧客としてコンサル契約を獲得することができました。

とあるコンサルタントは５００通を郵送し26件の反響があり、２件契約しました。

とある士業は２６０通を郵送し22件の反響があり、１件契約しました。

とある研修講師は１２０通を郵送し6社から反響があり、３社と契約しました。

とあるメーカーは１０００通を郵送し51社から反響があり、10社と契約しました。

とあるサービス会社は100通を郵送し5社から反響があり、1社と契約しました。

それを叶えてくれたのが「郵送DM」なわけです。

では、そのDMのコストはいくらでしょうか?

切手代と紙の印刷代で1通100数十円程度から始めることができます。

そして、最大のメリットはコピーができることです。

DMを一度作ってしまうと、何件でもアプローチしていくことができます。

実際に法人リストは300万件あると言われています。

反響が取れるDMがあれば、あなたはリストに対して送付するだけでよいのです。

つまり、無料で24時間365日働いてくれるトップ営業マンを手に入れることができます。

では、どのような内容を書けばよいのか。

マーケティングの基本に「3つのNot」があります。

「読まない」→ Not Read
「信じない」→ Not Believe
「行動しない」→ Not Act

これが3つの Not ですが、広告を作るときに、この「3つの Not」をしっかり意識して作成しないと反響が取れません。

販売者は心のどこかで、自分が作った広告を「読んでくれるだろう」「信じてくれるだろう」「行動してくれるだろう」と思っています。

しかし、広告を見る側が、あなたの広告を「読まない」「信じない」「行動しない」ということを前提に考えないといけません。

したがって、「どうやったら読んでもらえるだろうか」「どうやったら信じてもらえるだろうか」「どうやったら行動してもらえるだろうか」などの対策を真剣に考えて作り込まないと成果は出ません。

では、どうしたらよいのかを見ていきます。

先に挙げた「3つのNot」への対策としては、次のようなことを実践します。

・「読まない」に対しては短期的欲求（悩み・願望）を狙った無料オファー（プレゼントメッセージ）を打ち出す

・「信じない」に対しては実績を数字で出し証拠を提示する

・「行動しない」に対しては放置するとどんなリスクが発生するのか、緊急性や限定性を打ち出す

まとめて言ってしまえば、**相手が感じるリスクを全て取り払うと行動してもらえる**ということです。

次に郵送DMの作り方ですが、これは3つの構成になっています。

1. 封筒
2. 挨拶状
3. 返信用紙

まず封筒ですが、郵送で相手のポストに入るので、基本的に社長ではなく、受付の方が郵便物を受け取ります。

その際に捨てられると困ります。

ですから、受付する方に捨てられない工夫が必要です。

あなたも自宅のポストを開けるときに捨てるものと捨てないものに分けると思います。

そのときの差はなんでしょうか。

まず捨てるのは「カラーで売り込み臭満載のチラシ」ではないでしょうか。

一方、捨てないものは「宛名が入っていて、封筒に入っている郵送物」ではないでしょうか。

受付の方が絶対に捨てない郵便物があります。それは「請求書」です。

思い出してみると請求書はシンプルな封筒に入っていて、宛名が印字してあり、請求書在中のスタンプが押してあります。

つまり受付の方に捨てられないためには、会社名と社長名が記載してあり、封筒に入っている必要があります。

次に、社長の机の上に置かれた封筒を開封してもらう必要があります。

僕も封筒にキャッチコピーを書いたり、手書きで書いたり、様々なものを試しましたが、最終的に得た結論は「あえて何も書かない」ということです（図12）。

法人営業はタイミングが命なので、何度も繰り返しアプローチする必要があります。

1回だけなら「親展」「至急開封ください」などのキャッチフレーズや「手書き」で書けば開封してもらえますが、2度目のチャンスはありません。

さらに手書きはコストも時間もかかるので、費用対効果が悪いです。


「今回はどんな内容が入っているか分からない」


僕はこの心理を使って請求書と同じような封筒を作りました。

ちなみに、封筒の色は定期的に変更しています。

次に、挨拶状を作っていきましょう。

挨拶状を構成するのは次の3つの要素です。

1．キャッチコピー

2．ボディーコピー

3．クロージングコピー

それぞれを解説していきます。

1のキャッチコピーの目的は、見込み客の興味を引いて、先を読んでもらうことです。

そこでやるべきなのは、封筒から出てきた瞬間に「えっ?」という心理ギャップを起こすこと。

図12

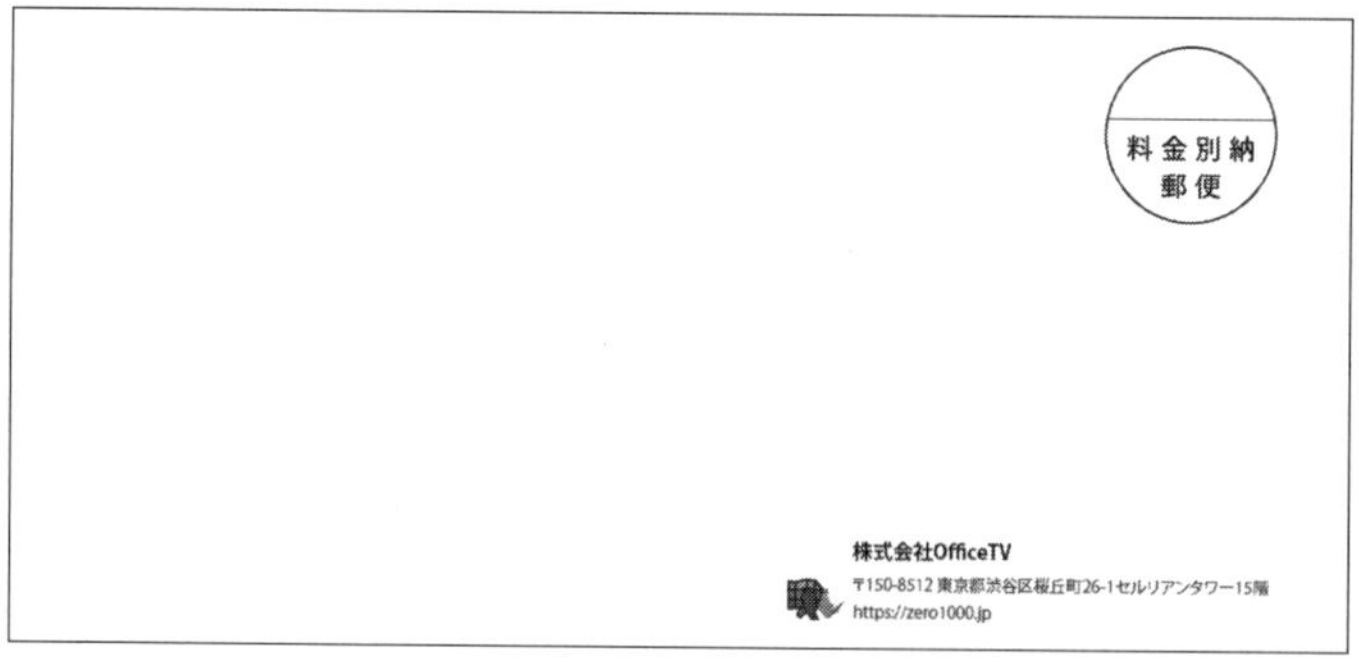

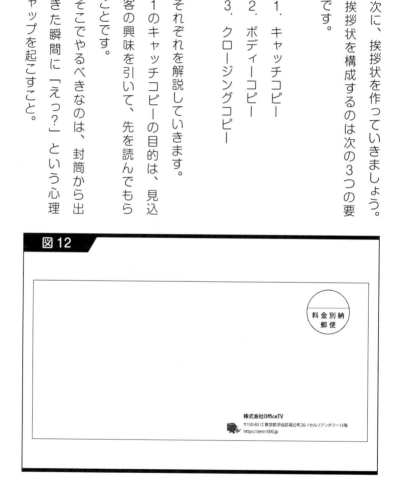

人間は常に予想しながら行動しています。
封筒を開けるときには「どうせまた何かの売り込みか……」と思っています。
それに対して、予想と反する内容を書くのです。
僕が普段使っている、確実にヒットを打てるキャッチコピーの作り方を4つ伝授します。

〈作成法1：プレゼント〉

↓●●を期間限定で無料プレゼントします

〈作成法2：○○の方へ▲▲できる方法〉

↓毎月安定した売上を手に入れたいコンサルタントの方へ
ゼロから4年で年商1億円を達成したコンサルタントの法人開拓法

〈作成法3：お客さんの実際の声を使う〉

↓えっ！　郵送ＤＭで法人を１０００社も開拓できたんですか？

〈作成法４：お客さんの行動を否定する〉

↓営業代行は使わないないほうがよい

２のボディーコピーの目的は、見込み客の心理に答え、行動してもらうことです。

そこに書くべき内容は次の５つです。

・見込み客は「あなたは誰なのか？」と思っています。

➡会社の紹介をし「信頼」の要素を書きます。

・見込み客は「なぜ私に連絡してきたのか？」と思っています。

➡アプローチした「理由」の要素を書きます。

・見込み客は「私に何をしてくれるのか？」と思っています。

➡「問題提起と解決策」の要素を書きます。

・見込み客は「私に本当にこれが役立つのか？」と思っています。

➡手にできる「結果」と証明をする「実証」の要素を書きます。

・見込み客は「私にリスクは無いのか？」と思っています。

➡不安を取り除く無料オファーを提示し「安心」の要素を書きます。

この「信頼」「理由」「問題提起と解決策」「結果と実証」「安心」の5つの要素を挨拶状に盛り込みます。

僕はさらに、こういった挨拶状を3パターンほど作成して使い分けています（図13）。

3のクロージングコピーの目的は、相手に行動してもらうことです。

そこに書くべき内容は次の3つです。

・行動する理由を作る（理由醸成）

・行動しないとどういう損失があるのか（限定性）

・どういう行動をしてほしいのか（行動要請）

図13

挨拶状

ゼロから1，000社を新規開拓した法人開拓の仕組みセミナーを
期間限定で無料プレゼントします
～なぜ、社長アポ年10件の会社が1年で社長アポ400件、累計売上10億円になったのか？～

こんにちは、株式会社OfficeTV代表の藤原と申します。弊社は金・コネ・実績なしの状態から、6年間で1,000社を開拓した経験を基に、法人開拓の仕組みを構築するコンサルティングサービスを提供する会社で、著書『ゼロから始める！法人営業』を出版しています。

また、役に立たないセミナーの案内だ・・・。と思われたのであれば、仕方ありません。

新規開拓できない企業は倒産。なので、私もこのような案内は度々もらいます。ところが、実際にセミナーに行ってみると、ほとんどのセミナーは役に立たない。その理由は、講師に現場経験が少なく理屈が多いか、会社の現状とセミナー内容が合ってないからです

でも、セミナーに時間を投資するのであれば、「費用以上の効果を実感したい」「明日から使えるノウハウを手にして会社に利益をもたらしたい」と思うのは当然です。

現在、法人開拓でこのようなお悩みを抱えていらっしゃいませんか?
●紹介や人脈以外で法人開拓したいが、何から手を付けて良いのか分からない！
●他社に集客代行・営業代行を依頼したが費用対効果が合わない！
●社員に集客や営業を任せているが思うような成果が出ていない！

もし、このようなお悩みをお持ちなら、今回のセミナーはお役に立てるはずです。
なぜなら過去の私やクライアントが解決した問題だからです。
実際に私は金なし・コネなし・実績なし、法人営業が未経験からビジネスを始め、
テレアポを1日200件、1年間で50,000件実行するも、契約は0件でした。

また、ホームページ・ブログ・ネット広告・交流会・紹介・代理店・メールDM・FAX-DM・フォーム営業・ビジネスマッチング・雑誌広告・SFA・MA・SEO対策・展示会等、累計4,000万円以上投資しましたが、最終的に費用対効果がある施策がありませんでした。
このような経験を経て、顧客獲得法則を発見。6年で1,000社の新規開拓に成功しました。

1　（次頁へ続く→）

なぜ、無料で提供するのか？

無料で提供する理由は２つあります。

１つ目は、もっと多くの方に思いのまま法人開拓をしてほしいからです。前述
身、法人開拓で思うように結果を出すことが出来ず、ずっと悩み苦しんできた
ます。この経験から、同じように悩む人には私のように遠回りしてお金と時間
てほしくなかったので、法人開拓の仕組み構築法を無料で公開することにしま
＊現在は、法人コンサルタントとして起業後、4年で250社を新規開拓しました

２つ目は、私が主催している郵送DMを活用した法人獲得の個別コンサルへ興
らえば嬉しいなと思ったからです。現在私のクライアントは東証プライム上場企業から個人事業主からまで幅広く、100社以上の社長が軒並み集客10倍～40倍に短期間で集客UP・売上UPを実現しています。今回のコンテンツや私が発信する情報に価値があると感じて頂ければ、自然と興味を持って頂けるのではないか？と考えました。

もちろん、売り込みはしませんし、あくまで興味を持った方だけにご案内しておりますので、今回の法人開拓セミナーは遠慮なくお受け取りください。

以下は、法人開拓セミナー内容の一部です。
●ゼロから１，０００社を新規開拓できた法人開拓の仕組みとは？
●新規客獲得をコントロール（上げ下げ）できるようになる策
●9割の中小企業がやっている重大なミス
●成果を上げている会社の３つのポイントとは？
●法人開拓の成功事例
●ライバルの見落としを狙う〇〇アプローチ
その他、今まで30,000時間試行錯誤し結果が出ている方法を凝縮して解説しています。

セミナー参加特典をご用意しました

「BtoBビジネスで一生集客に困らない、熱意ある見込み客発見法」
をセミナー参加特典としてプレゼントします。

熱意ある見込み客がいる場所は5つあります。ビジネスのキモは、金払いのいい見込み客を発見すること。ここを間違えると、営業努力が水の泡となりお金と時間を失います。
そうならない為にも、場所を知り「一生集客に困らない状態」を手に入れてください。

2　（次頁へ続く→）

【顧客獲得セミナー詳細】
テーマ：ゼロから１，０００社を開拓した法人開拓の仕組み化
主な内容：
①これまでの法人開拓マーケティング常識のウソ
②1,000社の法人開拓を行った3ステップ、小さな予算で顧客を獲得できる方法
③なぜ、社長アポ年10件の会社が1年で400件、累計売上10億円になったのか？

【講師】：藤原智浩
【会場】：オンライン開催(YouTubeライブ)
【時間】：10月10日(木)、17日(木)、24日(木)、31日(木)、11月7日(木),各午前
【会費】：5000円→0円(特別無料ご招待)
【特典】：BtoBビジネスで一生集客に困らない、熱意ある見込み客発見法(動画
【参加】：お申し込み後にオンラインセミナー参加するためのURLをお送りします

【セミナー講師　プロフィール】
株式会社OfficeTV代表取締役　藤原智浩(ふじわらともひろ)法人開拓の仕組み構築コンサルタント
兵庫県揖保郡太子町出身(寅年)、大阪市立大学卒業後TSUTAYAを運営するCCC入社。その後起業。金なし・コネなし・実績なしオール0から販売を始めテレアポを1日200件、1年間で50,000件実行するも、契約は0件。1年間、顧客獲得が出来ず、理想と現実のギャップを痛感する。その後「担当者は決裁者ではない」という当たり前の事実に気づき、決済権を持つ社長アプローチを徹底的に研究。郵送DMを活用した顧客獲得法則を発見し、6年で1,000社の新規開拓に成功。現在はそのノウハウを元に法人獲得コンサルティング「ZERO1000」を行っている。クライアントは東証プライム上場企業から個人事業主まで幅広く短期間で集客UP・売上UPを実現。著書「ゼロから始める！法人営業」を出版し3刷り。そして、自身も法人コンサルタント未経験から顧客獲得の仕組みを構築。コロナ渦の創業から２年６ヶ月でクライアント数が１００社を超え、年商５,０００万円を突破。４期目に社員0人で年商１億円を突破し、億越え法人コンサルの仕組みをゼロから構築。

【メディア実績】
◇著書　「ゼロから始める！法人営業」産業能率大学出版部＊3刷り
◇連載　自動車業界紙ユーストカーNEWS「年収1,000万円を叶える営業術」
◇CD　日本経営合理化協会「法人営業の顧客開拓を成功させる仕組みづくり」

【主催・お問い合わせ】
株式会社OfficeTV　東京都渋谷区桜丘町26-1セルリアンタワー15階
ホームページ：https://zero1000.jp

追伸：
このセミナーにはある仕掛けがあります。セミナーのやり方を教える私が主催していますので、どういう仕掛けなのか？受講者の視点でも参加し、価値を受け取り、明日から活用ください。

セミナーは【期間限定】参加方法は簡単です。
右記QRコードから今すぐお申し込みください➡

無料オンラインセミナー
お申し込みフォーム

藤原智浩

3

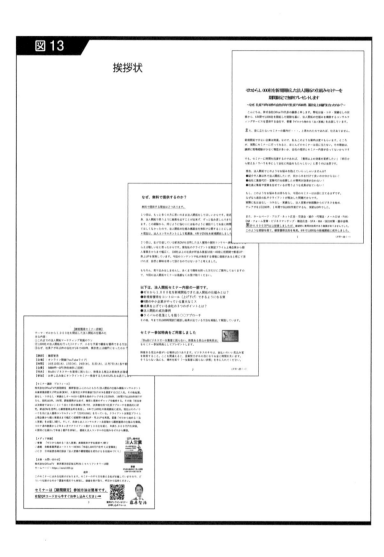

クロージングコピーの始まりは必ず「追伸」と書いてください。
相手に行動する理由を作るには「価値訴求」です。

例えば、「もし、セミナーに参加して1件でも顧客獲得ができたらどれくらいの価値があるでしょうか」「○○という価値を受け取ってください」など、あなたの無料オファーに対する価値を訴求していきます。

それが終われば限定性や損失の訴求です。「●月●日までの期間限定です」「先着△名で締め切ります」などと訴求してください。

最後に行動要請です。「セミナーのお申込み方法は簡単です。今すぐ▲▲してください」と、相手にアクションを依頼して文章を締めくくります。

DMはラブレター

ここまでで郵送DMを書く要素が分かったと思いますが、あなたが僕のテンプレートを真似して書いたとしても反応は取れません。

なぜなら、僕とあなたのビジネスが違うからです。

テンプレ思考で真似をすると、僕のレターの劣化版にすぎないので結果が出ません。

自分の頭で見込み客のことを考えて、あなたらしさがあるオリジナル文章を書く必要があります。

そこで、結果の出る郵送DMを書く練習方法があります。それが、大切な人への「感謝の手紙／謝罪の手紙」です。

あなたには家族、パートナーなど大切な人がいると思います。

その人に向けて、感謝の手紙と謝罪の手紙を書いてみてください。

書き出しはこうです。

感謝の手紙「○○、ありがとう。」
謝罪の手紙「○○、ごめんね。」

何を書こうかを考えるとき、相手が普段話している言葉、好きなこと、嫌いなことなどを思い浮かべると思います。

なぜ、思い浮かべて書けるのでしょうか。

それは普段から接している時間が長いからです。


DMで何を書いたらよいのか分からない人は、見込み客と接している時間が少なすぎます。

DMは料理と同じで、材料がないと作れません。

見込み客が何に困っていて、どのような願望を持っていて、どのようなメッセージが来ればその目に留まるのか。
あなた視点ではなく、見込み客の視点に立って書き進めてください。
ＤＭの本質はラブレターなのです。

プッシュ型の法人開拓の基本はテレアポ

プッシュ型の法人開拓法で、一番手軽に始めることができるのはテレアポです。
なぜなら、文章を書く必要もなく、電話さえあればできるからです。
かといって闇雲に電話をしても成果は出ません。
テレアポで一番重要なのはターゲットリストの選定です。
では、誰を選定すればよいのか。ターゲットは２つあります。
１つ目は、文化のある企業です。
文化とは、何かの商品サービスにお金を払っているということです。

「○○というサイトでセミナーに集客されていますよね」

「○○で求人広告を見たんですけど、人材を募集されていますよね」

「○○でWEB広告を出されていましたが、広告費を使われていますよね」

このように、相手の企業がお金を使って何をしているか、理解しておかないといけません。

なぜなら、テレアポとは提案だからです。

「今回、お電話したのは貴社の募集されているセミナー集客が2倍になるというご提案をしていまして」

「今回、お電話したのは貴社の採用単価が2分の1になるというご提案をしていまして」

相手がお金を払っているそんな事柄に対して、「売上が上がるのか」もしくは「コストが下がるのか」を提案するテレアポを行うのです。

大事なことは「相手にどんなメリットがあるのか」を伝えること。

Before→Afterを明確にしてAがBになる可能性がある提案をしましょう。

決して「弊社○○というサービスを扱っていまして、そのご案内で……」などと自社サービスの説明をしてはいけません。

そして2つ目は、事例が刺さる企業です。

法人営業の場合は事例や実績が大きな効力を発揮します。

「○○社はご存じでしょうか？　実は○○社で●●という実績がある▲▲の提案でお電話しました」

「○○社はご存じでしょうか？　実は○○社と業務提携している▲▲の提案でお電話しました」

このように、テレアポ先の企業が知っているであろう社名を事例と共に出すだけでアポが取れます。

もし、相手の文化も分からない、事例も刺さらない、いわゆるコールドコールをする場合はテレマーケティングを行ってください。

テレマーケティングとは電話調査です。

無料プレゼントを用意して、次のような調査の電話をします。

「○○社さんでしょうか？　今回お電話したのは、●●に関する無料のレポートをお送りしたいので、●●担当者の方の連絡先を教えていただけますでしょうか?」

「○○社さんでしょうか? 今回お電話したのは、貴社と同じ不動産業で不動産投資セミナー集客が2倍になったという無料の事例集レポートをお送りしたいので、セミナー担当者の方の連絡先を教えていただけますでしょうか?」

アポを取るよりも、このようにリスト先の文化を確認しながら担当者の連絡先を入手することを目的にします。

アポを取るよりも、担当者の連絡先を獲得できる確率のほうが当然高いのです。

さらに、連絡先を取得した先に対して無料プレゼントを渡したあとにフォロー電話をし、興味を持った人にだけ次にようにアポを取ります。

「ちょうど今週と来週に御社の地域を回っていまして、○○が●●になる素晴らしい提案があるのでお伺いしたいのですが、△日と▲日だとどちらがご都合よろしいでしょうか」

これだと闇雲に取ったアポイントよりも成約率が2倍以上になります。

最後に、テレアポは本題に入る前に大半が、「結構です」「間に合ってます」「忙しいです」「既にお付き合い先があるので」「お電話はおつなぎできません」などの拒絶が入ります。

しかし、これを真に受けては先に進めません。

ポイントは相手は反射的に言っているだけで真に受けずにスルーすること。

そして先述した、次のような本題の会話に入ってください。

「何のために連絡をしたのか」

「相手にどのようなメリットがあるのか」

ニーズがズレていなければ相手は聞く状態に入ります。

テレアポで難しいのは相手を聞く状態にすることです。

ここは「真に受けない」という技を使ってください。

最初は上手くいきませんが、量をこなしてください。

すると、量が質に転換し段々とコツが掴めてきます。


テレアポは、アポが取れること、相手先に訪問すること前提で会話を進めます。

僕はこれを「当たり前感」と呼んでいます。

あなたの商品サービスに自信を持ち、当たり前感で本題に入り、魅力的な提案の電話をしてみてください。

交流会や展示会で効果を発揮する名刺と自己紹介

プッシュ型の集客手段として交流会や展示会があります。

その際に作成するのが「名刺」ですが、世の中で出回っている名刺の大半は、大きく間違っています。

・会社名・名前・住所・電話・メール・写真（人によっては）・etc.

これらの要素を入れれば「名刺は完成する」と思ったら大間違いですし、このような名刺を渡したところで帰り際にゴミ箱に捨てられます。

これでは、何のための名刺なのか分かったものではありませんし、仮に仕事を受注したところで下請け扱いされて終わりです。

あなたは、そんなもののために名刺を作っているわけではないはずです。

もっと特別な「専門家」の立場で、感謝されながら顧客と接したいと思っているはずですし、下請けの立場は望んでいないと思います。

だとしたら、最初の段階で、きちんとしたやり方を取り入れた名刺を作成することです。

そうすれば、あなたはその分野のプロ（専門家）という立場で顧客に接しながら「有利な立場で」商談を進めることもできますし、高単価のサービスを提供することもできるようになります。

なぜならあなたは、下請けではなくその分野のプロという位置づけになるからです。

これが、あなたが迎えるべき未来となるわけですが、今のままでは、ダメです。

名刺が、悪すぎます。

今の名刺は、渡したところでマイナスにしかならないので捨てたほうがマシです。

それだけ、間違っています。

そこで、交流会や展示会で使える「お金を生み出す名刺作成法」を伝授します。

まず、あなたは図14のような名刺を見て、あまり疑問を感じることはないかもしれません。しかし、初対面でこの名刺をもらった人はどう感じるでしょうか。

おそらく何の関心も持たれないはずです。

ただ多くの人は、この段階で返答がないと不安を感じ、聞かれもしないことをペラペラ話し始めてしまいます。

例えばこうです。

「オフィス・ティーヴィーという常時接続専用のテレビ会議システムを作っていまして……」

きっとあなたもこのような覚えがあると思います。

ここでのポイントは、自ら話し始めてしまうと、自分は営業しているつもりはなくても相手からしたら「営業された」と感じてしまうということです。

ましてや最後に「何かお困り事があればいつでもご連絡ください」と決め台詞を言ったところで、その後、何かあることなどありません。

もちろん、相手も社会人なので、「何

図 14

名刺 Before

かありましたら連絡させていただきます」と社交辞令を言ってくれるかもしれませんが、それはただの断り文句です。

では、何がいけなかったのか?

「名刺の内容」にその答えがあります。

多くの人は、「名刺＝挨拶」とか「名刺＝受注につながればラッキー」くらいに思っているようですが、そもそも相手からしたら、数ある中の1枚でしかありません。

そして、これは少し考えれば分かると思うのですが、名刺交換を行ったあと、いきなり会社や商品のことを言われたところで「あなたのような人を探していました」となることなど99・9％ないのです。

では、どうしたらよいのか?

それは、名刺に課する「役割」を変えることです。

そもそも名刺だけで仕事を受注することなど、ほぼ不可能なのです。

そして、名刺を渡したところで机の引出しの奥底にしまわれて終わりです。

であれば、名刺に課する役目を極限まで下げることがポイントとなります。

まずはこの言葉を覚えてください。

人は始めの7秒で、その後の7年が固定化される。

ということは、ファーストアプローチで営業マンと認識されたら、そのあといくら頑張ったところで立場を逆転することなどできないということです。

ただ多くの人は、このファーストアプローチを甘く見ています。

あとからゆっくり時間をかけて信頼を構築していけばよいと考えているのです。

しかし、その考え自体が、そもそも「失敗の原因」です。

興味のない人と「あとからゆっくり会おう」などと考える人などどこにもいないのです。

これは自分に置き換えれば、すぐに分かることです。

あなたは、興味のない人に会うほど暇ではないと思います。

これは相手も同じです。

では、なぜ関心を持ってもらえないのか？

それは、いきなり自分の思いを伝えてしまうからです。

これでは、いくらよい商品を扱っていたとしても自らその可能性に蓋をすることになります。

ただ、あなたは疑問に思うはずです。

「自分の考えや思いを伝えてはいけないのか」と。もちろん、ＯＫです。

しかし、これには順番があります。

興味も持っていない人にいくら熱い思いを伝えたところで「ウザイ」と思われ、迷惑になるだけです。

　ここで大切なのは、熱い思いを語ることではなく、相手の興味を引き出すこと。それだけに集中する必要があります。

どうしたら相手の興味を引き出すことができるのか。

それは、相手が思わず「すごい」と言ってしまうような内容を名刺に入れておくことです。

これが、「名刺に課する役割を極限にまで下げる」ということなのです。

では、どのような役割を名刺に持たせればよいのか？

それは、実績です。

この実績が、あなたを営業マンではなく専門家だと認識づけてくれます。

例えば、あなたが何かを発言するにしても、初めの段階で営業マンと認識されたら全ての発言が営業に聞こえてしまいますが、一度、専門家と認識されてしまえば、あなたが発言する内容全てが専門家からの「アドバイス」に聞こえるようになるのです。

その内容が「たとえ売込みだったとしても」です。

ただ、あなたは「すごい実績など持っていない」と心配になると思います。

でも、安心してください。

実績というのは、見せ方次第で「すごく」見せることができるのです。

ただし、初めに言っておきますが、絶対に「嘘」はいけません。

嘘はモラルに反しますし、何といっても信頼を失いますので、嘘だけはつかないことです。

ポイントは、嘘をつかずに、今持っている情報を「最大限に見せる」こと。それが成否を分けます。

また、実績を勘違いしている人もいるのですが、今の仕事だけが実績ではありません。

もちろん、今の仕事と関連がないものは役に立ちませんが、関連のあるものであれば、遠慮せずにドンドン使うことです。

そして、名刺とは、自己紹介をするものです。

もし、そこに社名が記載されていたとしても、名刺自体は個人を紹介するものだということです。

ということは、会社の実績ではなく自分のこれまでの経験や実績を名刺に記載するだけで、優位な立場を得ることも可能だということです。

少しイメージするために企業実績と個人実績を比べてみます。

・地域に根づいた創業50年の老舗
・3年連続、全支店1位（1000人中）の営業実績いかがでしょうか？

前者の企業実績を見ても「へー」としか思いませんが、後者の個人実績の場合、「すごい」と感じたのではないでしょうか。

このように、名刺というのは会社ではなく個人のファーストアプローチのツールとして使うだけでも、あなた自身に興味を持ってもらうことができるのです。

では、どうしたら嘘をつかずに実績を最大限に見せることができるのか。

それは、どこにスポットを当てるかがポイントとなってきます。

具体例を挙げます。

１人のクライアントが2人になったところで、大したことはありません。

しかし、言い方を変えると、「2倍」とも「２００％」とも言えるのです。

〈参考例〉

×今月は先月に比べ３人のお客様が増えました！

○前月対比で3倍の集客アップを実現！

さらに、このパーセンテージでの表現は、人数がまだ少ないときにも有効です。

例えば、10人の顧客のうち、8人が成果を出したと言ったところで達成感に欠けますが、「顧客の80%が成果を実感している方法」と表現を変えるだけで、印象はかなり変わってきます。


次に、「期間を絞る」というのも有効的な方法です。

例えば、3年かけてお客様の数が2倍になったとします。

ただ、ここでこの数字をそのまま使うのではなく、期間を短く表現できないかと考えていくのです。


具体的に言うと、3年目にようやく売れるチラシができて、1回行ったチラシ広告でお客様の数が2倍になった事実があったとします。

その場合、3年で2倍という表現ではなく、「たった1回のチラシでお客様の数が2倍になった」とも言うことができるのです。

このように、1回の施策で表現できないかもしくは、年ではなく月または週で表現できないかと考えてみることです。

〈参考例〉

×：3年かけてお客様が2倍になりました！

○：たった1回のチラシで通常の2倍のお客が殺到！

その他、「基準となる数字を出す」ことも有効です。

例えば、1人のお客様が3人に増えたとします。

このとき「100万枚のチラシを配ったら3人増えた」と言うと大したことはありませんが、「たった10枚のチラシで3人の新規が増えた」となると話は変わってきます。

このように、3人という部分だけでは効果が低いようであれば、この「3」が光るような基準値を設けることで意味合いが格段に変わるということです。

また、実績を書くときの定番は「Before→メソッド→After」です。

例：借金4000万円から、新規客を獲得する方程式を使うだけで累計売上10億円超え！

ポイントはBeforeは悲惨に、メソッドは簡単そうに、Afterは輝かしく見えるように記載することです。

名刺は名前よりも実績が大事です。

その際、忘れてはいけないのは、自分がすごいと思う表現ではなく、受け取る相手がすごいと感じる実績を最大化して演出することです。

ここまでのことを踏まえて、権威を勝ち取るにはどのような名刺を作ればよいのか考えてみましょう。

これは、実物を見たほうが分かりやすいと思いますので、僕が使っている名刺を見てみます（図15）。

上が表、下が裏です。

p．175の名刺と印象が全く変わったと思います。

一応、僕の名前や会社名や顔写真は入っていますが、相手はそんなものには興味がありません。

「自分にとって何をしてくれる人なのか」「メリットがあるのか」という点にしか興味がないのです。

そして、実績にも注目してください。ゼロから１０００社を新規開拓した。

書籍を出版していて書店ランキング１位を取っている。

おそらく名刺交換をした際、思わず「すごいですね」と言いたくなると思います。

ポイントは、タイトルと実績です。

さらに、裏を見れば、解説セミナーまでプレゼントされると書いてあるの

図15

名刺 After

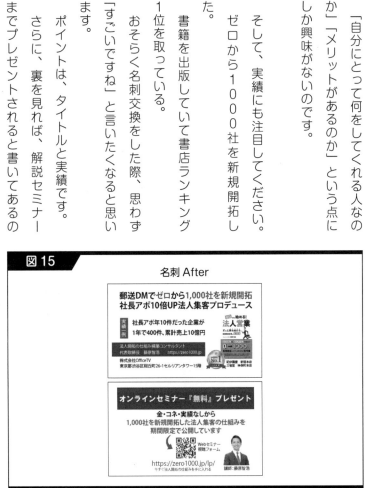

です。

少しテクニック的なお話をすると、プレゼントを用意して、名刺交換時にプレゼントを送る許可を口頭で取ってしまうとよいです。

「もしよかったら、無料プレゼントなのでアドレス宛にお送りしましょうか？」

これを言っておくだけで、あなたの情報を発信でき、メルマガに登録することができます。

許可は口頭、送付はあなたからです。

正直、これだけの内容であれば、名前や住所などはもはや関係ありません。このように名刺の表現次第で相手は興味を持ち、この人と付き合いたいと思ってくれるようになるのです。

そして、名刺交換における最大のポイントは、「この人が人生を変えてくれるかも」という期待感です。

この期待感を印象づけることさえできれば、名刺によってあなたは専門家という位置づけを勝ち取ることができるのです。

当然、この後7年間は専門家として相手も見てくるので、あなたの発言は全て、営業ではなく「アドバイス」に変わります。

では、まとめます。

1. 人は始めの7秒で、その後の7年が固定化される
2. 名刺には、最大限の実績を記載する
3. 3秒以内に相手から「すごい」と思わせる
4. 「この人が人生を変えてくれるかも」という期待感が大切
5. 名刺交換と自己紹介で、専門家の位置づけを獲得する
6. 専門家と認識されれば、たとえ売込みであってもアドバイスになる
7. 名刺は、商品の印象までも影響を与える
8. 無料プレゼントを必ず用意し、名刺交換時に送付の許可を取っておく

以上のことを踏まえて名刺を作って、交流会や展示会に臨んでください。

行けば仕事が取れるわけではありませんが、名刺と自己紹介がよければ仕事につながるのです。

僕も最初から誇れる実績があったわけではありません。実績は作るものです。

見込み客が見る媒体でプッシュ型のWEB広告を展開する

WEB広告からの集客の場合は、見込み客が見る媒体を探すところから始まります。

代表的なものだとGoogle、Meta、Instagram、X、YouTube、Linkdinなどの媒体から、大手メディアのポータルサイトなど幅広く存在しています。

まずやるべきは、既存顧客にWEB媒体を見ているか聞いてみることです。

既存顧客が共通して見ていればWEB広告を試す価値があります。

WEB広告の最大のメリットは、少額からテストができることです。

例えば1日1000円、月3万円の広告費からスタートし、わずか10日で売上120万円のコンサルティング契約を取ったクライアントがいます。

「早くやればよかったですね」

これが多くの方の感想です。

このように、少額の広告費をかけて売上が上がったら徐々に広告費を上げていけば、その分、売上が伸びていくのです。

最初から何十万円もの広告費は必要ありません。

自分の無理のない範囲からスタートしていけばよいのです。

そして、WEB広告は「あなたのことを知らない人」に商品を売るものです。

したがって、先述の集客力であるコピーライティング力とシナリオ構成力、つまり「強い興味を引くコンセプト」と「あなたのことを知らない人が、気づいたらあなたのサービスに申込みたくなるように設計されたシナリオ」が必要です。

「以前に広告を使ったけど、上手くいかなかった」という相談をよく受けますが、上手くいかない原因はコンセプトとシナリオ設計が甘いからです。

逆に言えば、「強い興味を引くコンセプト」と「売れるシナリオ設計」があれば、広告からちゃんと売れていくのです。

WEB広告の基本はバナー、LP、動画の3つとなります。

そして、先述の通り「無料オファー」を提案します。

これについては僕の実例を見ながら解説します。

バナーで大事なことは「どうしたら見込み客の目に留まるのか」という問いに答えることです（図16）。

WEBを見ている人は、何となく見ています。

商品サービスを探してはいません。

ですから、なぜ目に留まったのかを考えて作ることが大事です。

図16

バナー

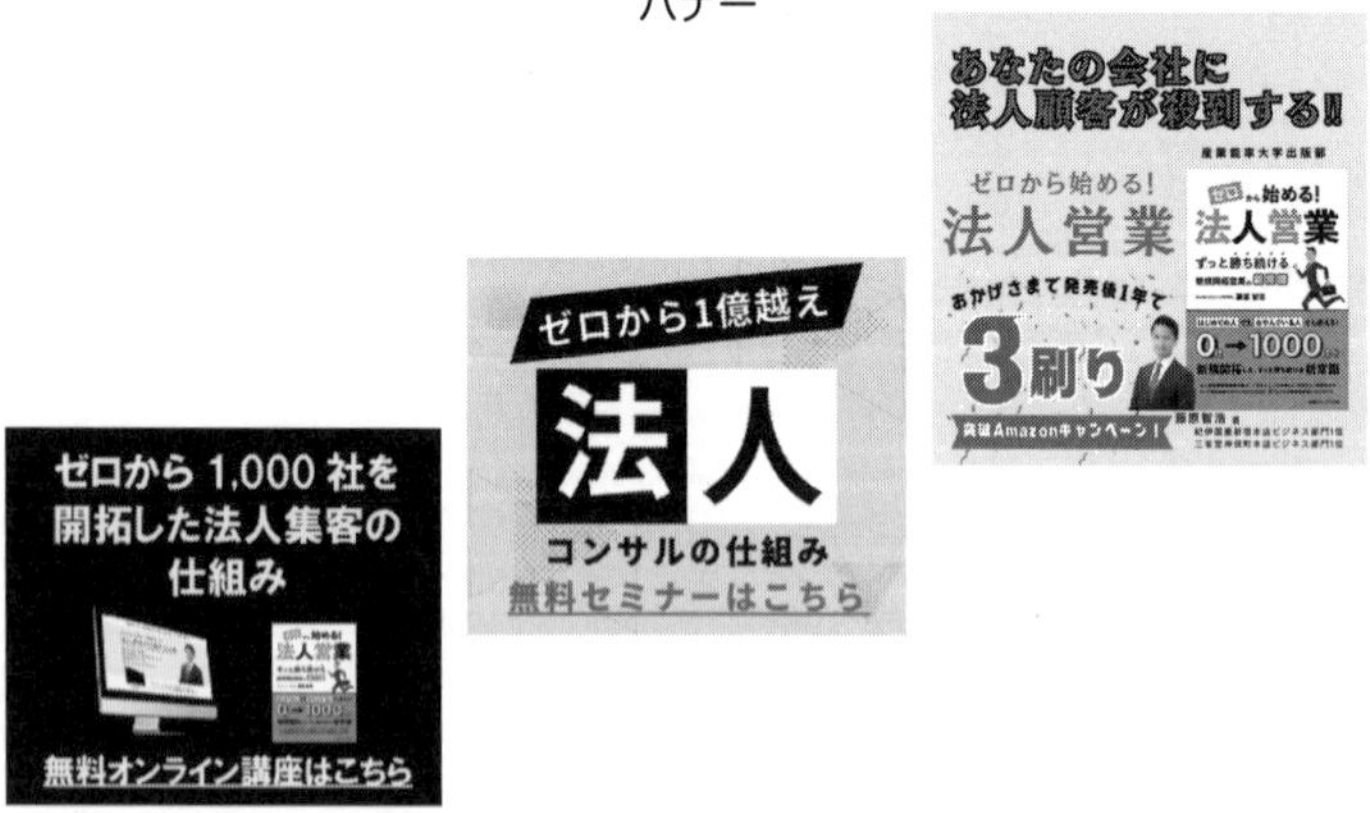

まずは、自分がいいなと思うバナーを参考に作ることから始めましょう。

一番簡単な方法は「FaceBook 広告ライブラリを使って、他社のバナーを参考にすることです。

（Facebook 広告ライブラリ：https://ja-jp.facebook.com/ads/library/）

起業、集客など、あなたのビジネスのキーワードを入れてみましょう。

例えば僕の場合、バナーを動画にするパターンが目に留まった時期があります。

メッセージ＋動きで「おっ!?」と目に留めてもらう戦略でバナーを作りました。

自分でクリエイティブを作成するならCANVAが便利ですし、外注でもＯＫです。

（CANVA：https://www.canva.com/ja_jp/）

LPについては第3章で解説しましたが、LP作成にあたってのポイントは「分かりやすさを最重要視する」ことです。

見込み客のニーズにマッチしていて、見込み客が何を得られるのか、どんな無料オファーなのかを分かりやすく伝えることが大事です。

そして、認知→集客の順番なので、まずは認知してメールアドレスを登録してもらうことも重要です。

つまり、LPの目的はメールアドレスの取得なのです。

お客様は問題解決に役に立ちそうだと思うから登録しますし、余計な情報は入れません。

とにかくシンプルにしてください。

こういう無料オファーがあります、こういうことに悩んでいる人は登録してください、と言うだけです。

見込み客の多くはスマートフォンで何となく見ていますし、一言一句は読みません。

ですから、ファーストビューで全てが分かる構成にしましょう。

３秒でお客さんが決断できるようなシンプルな構成を目指し、「これが得られるので登録してください。以上」というＬＰが理想です（図17）。

ＬＰの構成要素
1．ターゲット
2．何が手に入るのか
3．広告を出している背景、理由
4．無料オファーの詳細
5．プロフィール

ＬＰはところどころにメールアドレスの登録ページを挿入しておいてください。繰り返しますが、ＬＰの目的はメールアドレスの取得です。

動画広告は３部構成、３分以内が基本です（図18）。

第１部：開始５秒で興味を引く

図 17

LP

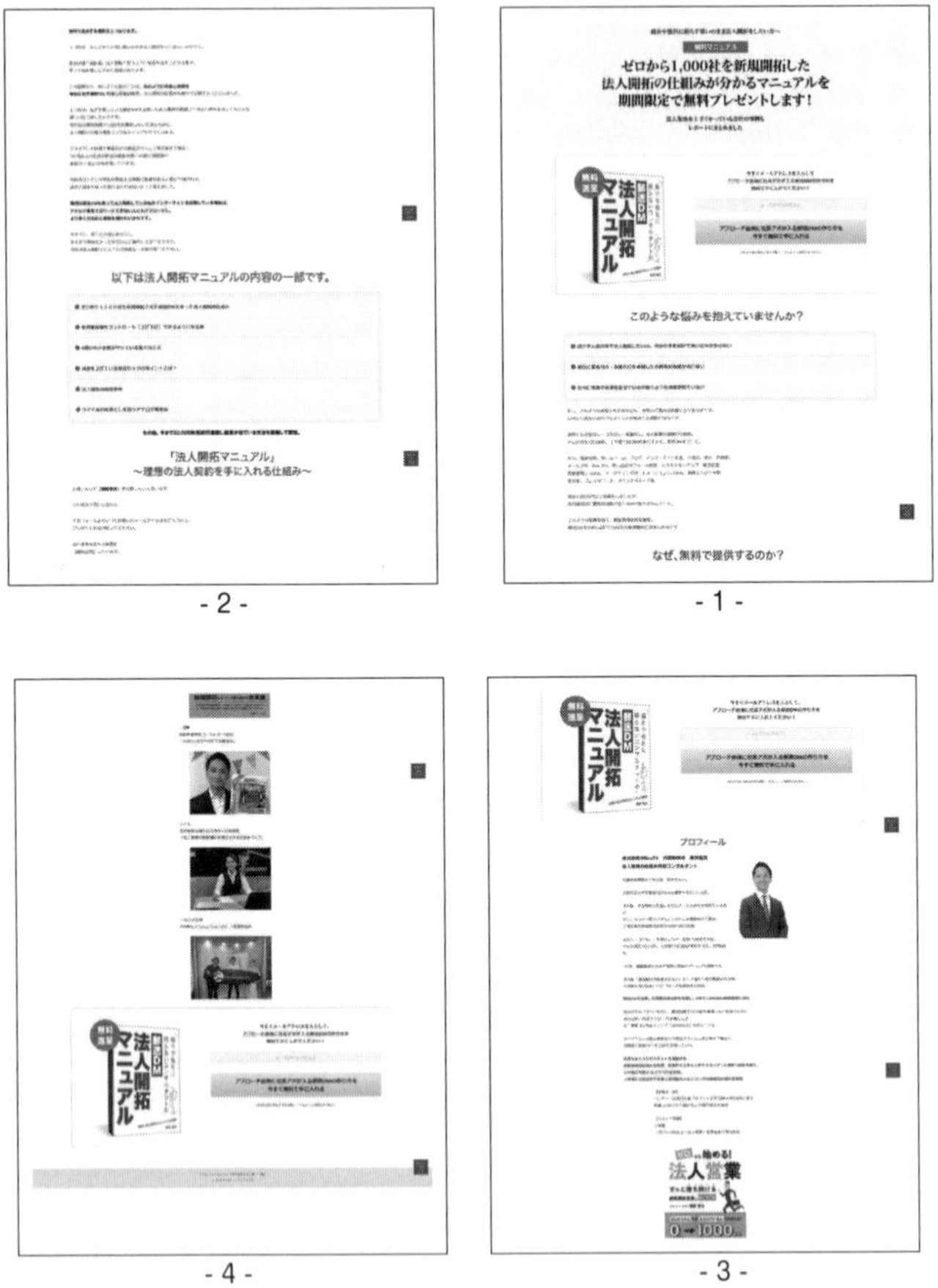

無料マニュアル
ゼロから1,000社を新規開拓した
法人開拓の仕組みが分かるマニュアルを
期間限定で無料プレゼントします！
法人開拓
マニュアル
このような悩みを抱えていませんか？
なぜ、無料で提供するのか？
- 1 -
以下は法人開拓マニュアルの内容の一部です。

「法人開拓マニュアル」

〜理想の法人契約を手に入れる仕組み〜
- 2 -
プロフィール
法人営業
- 3 -
- 4 -

そもそも、ターゲットはあなたの商品に興味を持っていません。

したがって、興味を持ってもらうところから開始します。

そのためには「意外性を使う」「キーワードを使う」「ベネフィットを示す」ことです。

「意外性」とは見込みの思い込みを180度反転させます。

例えば、「営業代行は使わないほうがよい」などの、見込み客がやりがちな間違いを批判することです。

「キーワード」とは見込み客が気になって仕方ない言葉です。

図18

動画

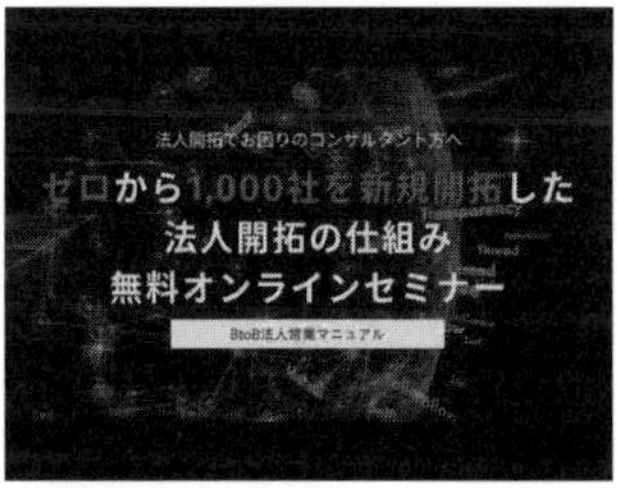

キャッチフレーズにキーワードをちりばめることで目に留まります。

「ベネフィット」とは数字を使い商品サービスを使った先の未来を示す事です。

第2部：問題提起

問題提起とは問いを立てることです。

見込み客が商品の必要性を感じていない場合は、まず問題に気づかせる必要があります。

なぜ、見込み客が取り組んでいる方法では成果が出ないのか、根本原因（ボトルネック）は何か、論理的な因果関係を基に根拠を示すことです。

例えば、このような問題提起です。

「なぜ中小企業の法人開拓ができないのか、それは決裁者である社長にアプローチしていないからです。中小企業では社長が9割以上決裁権を握っています。担当者と社長とは考え方が違います。決裁権者へ直接アプローチを行い、社長と商談をしないと新規開拓は苦労します。私は郵送DMを活用した社長アプローチを実施することでゼロから1000社を開拓し、そのノウハウをまとめた著書を出版しました。」

問題提起を行う際に、社会的証明や権威性を使えるとよりよいでしょう。

それができたら、次は「解決策の提示＝商品サービス」の案内です。

検索エンジン経由など、既に必要性を感じている人に対するWEB広告の場合は、問題提起をすることなく、いきなり解決策を提示し、他の選択肢を潰し、お客様の声などの実績で補完することです。

第3部：行動喚起

最後は行動を促します。

「〈詳細を見る〉をクリックしてメールアドレスを登録してください」など、具体的な行動を依頼します。

その際に「期間限定」など緊急性や限定性を入れることも忘れてはいけません。

このようにWEB広告はバナー、LP、動画を用意すると始めることができます。

ＷＥＢだからといって難しく考える必要はありません。

普段、対面で新規営業をしている場合はその言葉を変えるだけでＯＫです。

ＷＥＢ広告が使いこなせると、あなたが寝ていても旅行に行っていても、24時間３６５日、文句も言わずに見込み客を集め続けてくれます。

ビジネスを爆発させる書籍戦略

何もない凡人が一気に人生を変え、スターダムにのし上がる秘策があります。

それは、「商業出版」です。

出版とは多くのベールで隠されています。

有名な人が本を書くもので「素人には無理」「出版社とのつながりを持てば素人でも本が出せる」などと思う人が多いですが、そんなものは全て「嘘」です。

その嘘に振り回されている限り、商業出版を叶えることはできません。

ただ問題は、正しいやり方を教えてくれる人があまりにも少ないということです。

だから本を出せる人は限られますし、やり方を知った人だけが可能性の扉を開くこととなります。

ご存じの通り僕は本を商業出版していますし、何人ものクライアントが著者になっています。

出版（著者になる）は、言い換えればパブリックになるということです。

メディアへの糸口にもなりますし、新規客を獲得する際に集客を優位にしてくれます。

なぜなら、初めて出会った人であっても「先生」と言ってくれたり、商談の前に本を読んでもらっているので「前のめり」な状態で話を聞いてもらえます。

もし、商談相手が「ぜひお話を聞かせてください」という状態で、あなたが「先生」という立場でセールスができるとしたら、成約率が飛躍的に上がると思いませんか。

世の中には同じような商品サービスを扱う会社がありますが、正直、どこも一緒で違いが分かりません。

その点、出版は「格づけ」を変えてくれます。

今の僕があるのも、サラリーマンを卒業し、本を出したからこそです。

ですから、本は金額換算にすると1億円の価値があります。

本は有名になってから出すのではなく、本を出すからこそ有名になれる。

このカラクリさえ知ってしまえば、待つ必要はなくなります。

今、思うように法人開拓ができていない企業であっても、本を出すことで有名になり、新規客を殺到させることができます。

それほど商業出版は、売上を爆発させる起爆剤となり得ますが、商業出版を叶えるためには2つのピースが成否の鍵となります。

1．新人でも通過できる企画書

2．出版社に売込みする営業マン

この2つがあれば、可能性の扉を開いてくれます。

とはいえ「どのような形で企画書を作ればよいのか」分からないという人も多いので、解説します。

ちなみに、企画書の目的は編集長に会うことです。

特に新人の場合、企画の中身よりも「この人に会ってみたい」と思わせる内容にフォーカスしたほうが上手くいきます。

企画書作成の７つのステップ

1．テーマ決め

書籍を書く際に大切になってくるのが、まず「テーマ決め」です。いわゆる「タイトル」です。

たまに出版社からの依頼で書籍を書く人がいますが、大概は仕事につながりません。

最終的にビジネスに結びつくような内容で書かなければ、書くだけ時間の無駄となります。

また、大きなテーマを掲げる必要があります。

元々、書籍は一般媒体であるためお客様の層を幅広く取ったほうが多く売れると言われています。

そのため、様々なベストセラーのタイトルを見れば分かると思いますが、タイトルだけ見たら意味は分かるけれど「だから何」というものが多く、読んで初めて伝わるといった感じです。

しかし、書籍の場合はこれでよいのです。

なぜなら、あなたが本を買う際を考えれば分かると思いますが、まず本屋さんに行って何をするか。

1．タイトルと表紙見て、本を手に取るかどうかを決める

2．次に、「はじめに」と冒頭を読み、買うかどうかを決める

もしくはAmazonで本を探すときどうするか。

1．問題解決したい分野のキーワードを打つ

2．タイトルと著者略歴とレビューを見て、買うかどうかを決める

これだけです。

だから、多くの人が「いい内容を書けば売れる」と錯覚してしまうのですが、内容と売上が必ずしも一致するということではありません。

むしろ、タイトルと表紙が売上全体の８割を決めてしまうということですから、「テーマ決め」のために「仮のタイトル」と「帯のキャッチフレーズ」を書きます。

２．著者プロフィール

次は著者のプロフィールです。

特に新人がプロフィールを書く場合は「この人に会ってみたいな」と思われないとチャンスがありません。

ですから、執筆の経験はもちろん、書籍とは一見関係のないプライベートや仕事の経験なども公開していきます。

過去の壮絶な失敗体験や成功体験をプロフィールに記載し、あなたの最高の１枚である写真を載せてください。

3．読者対象

誰に向けての本なのか、狭すぎると売れないと判断されるので、なるべく広い読者対象を書きます。

4．類書と差別化点

過去に売れたジャンルの本でないと、新人が出版できる可能性はゼロになります。

そこで、同じようなジャンルで売れた実績のある本のタイトル、著者、出版社、ISBNコードを書きます。

そして、類書と何が違うのか。差別化ポイントを具体的に記載して違いを演出します。

5．目次構成案

次は肝心な中身を考えます。

基本的な構成は6章に分けて1章を6項に分割していきます。

例えば、このように書いていきます。

第１章　お金の源泉を生み出す３つの「リサーチ」
1. まず自社の売り（強み）を調べる
2. 顧客が体感した効果効能は何か？　洗い出す
3. ライバルの数を知ること＝市場規模を知ること
4. ライバルの上手くいっているパターン、上手くいっていないパターンを見極める
5. 顧客の比較している「商品、サービス、導線」を理解する
6. 顧客が使っているキーワード・単語を把握する

6. 著者の宣伝・販売の協力・連絡先

商業出版は出版社がお金を出すので、売れないと赤字になってしまいます。
したがって、著者の「売る覚悟」を提示する必要があります。
著者がどのようなリソースを持っていて、どのように販売するのかを具体的に

書いていきます。
販売力がない著者にチャンスは来ません。

7. サンプル文

どのような文体で本を書くのか、出版社がイメージできないと依頼してはくれません。
そこで、第1章の第1項をサンプル文章としてA4用紙1枚にまとめて書きます。

最後に、ここまでの流れをまとめます。
ステップ1. テーマ決め
ステップ2. 著者プロフィール
ステップ3. 読者対象
ステップ4. 類書と差別化点
ステップ5. 目次構成案

ステップ6．著者の宣伝・販売の協力・連絡先
ステップ7．サンプル文
これをＡ４用紙４枚でまとめると企画書の完成です。

売込み営業マンの活用

僕はクライアントに企画書を作成することがありますが、ヒヤリングベースで数時間あれば完成します。

あまり使いたくない表現ですが、現時点で手掛けた案件は１００％商業出版が決まっています。

最短で企画書作成から１週間で出版が決まった方もいました。

その秘訣は、企画書を僕が作成し、出版社に売込みする営業マンを雇ったことです。

企画書は出版社の編集長にメールで送ります。

編集長は書籍の裏に「発行者」として名前が掲載されていますので、住所と共に調べることが可能です。

ただ、編集長は忙しいので見知らぬ人が送ると企画書を見てもらえません。

既に編集長と関係性がある人が送ったほうが、企画書を見てもらえる率が高まります。

ですから、既に編集長と関係性を構築している営業担当を雇うことをお勧めします。

まずは、本を出すことを決めて、企画書を書く時間を確保し、営業代行をお願いする。

この流れで商業出版にトライしてみてください。

たった1回の人生です。書籍はあなたが生きた証にもなります。

人生を変えるチャレンジでもあります。

ただ、商業出版を叶えても肝心のビジネスにつながらなければ意味がありません。

本が売れない時代で著者の9割が重版ができないと言われています。

そんな中、僕は戦略を実行し、1冊目は発売後2・5カ月で重版、1年後に3刷になりました。

本の継続的な販売とビジネスにつなげる導線設計も重要となりますので、忘れずに対策してください。

そうしないと、お金を払うだけの思い出出版になってしまいます。

column

人生を右肩上がりに成長していく秘訣

あなたには先生がいますか。

もし、あなたが日々成長していないと感じるなら、それは先生がいないからです。

ちなみに先生は遠い存在ではなく、5年で追いつける人を先生にすることが必要です。

ではなぜ、5年で追いつける人なのか。

答えは「ちょうどよい目標だから」です。

僕には尊敬する経営者がたくさんいます。

ビル・ゲイツさん

スティーブ・ジョブズさん

イーロン・マスクさん

斎藤一人さん
舩井幸雄さん
熊谷正寿さん
など……。尊敬できる人物を挙げればキリがありません。

しかし正直なところ、彼らは遠すぎます。

売上げや収入などが桁違いですし、僕が求めているライフスタイルともかけ離れています。

もしかしたら将来的には「彼らのようになりたい」「彼らのようなビジネスをやりたい」と思うようになるかもしれませんが、今の段階では真似できるレベルではなく、ビジョンや本質も離れています。

尊敬する人と、先生は異なります。

先生は「追いつきたい」と思える人で、かつ、身近に会話ができる人を選ぶのがベストだと思っています。

もう少し簡単に言えば、「近い将来、こんな人生送りたいな～」と思える人をモデリング先に選んでください。

では、先生が見つかったらどうすればよいのか。

先生を助けてください。

よく「先生」を「都合のよいときに何でも教えてくれる人」と誤解して捉えている人が多いのですが、これは間違いです。

例えば、メールで「初めまして、藤原さん。私の先生になってください！」などと言われたらどうでしょうか。先生と弟子とはそんな簡単な関係ではありません。

メール1本で成立する先生と弟子の関係なんてあり得ません。

先生とは「本人以上」にその人物を成功させることを想っている人です。

例えば、子供が「今日は眠いからちょっとサボろうかな」と考えスマホでYouTubeを見ていたら、ドアをガンガンと叩いて「夏休みはスマホ没収！　今すぐ習い事に行け。10分で部屋を片づけてから行かないとお小遣いなし」と、本人以上に、その人物を成功させることに命をかける親のような存在の人です。

また、僕たちが何年もかけて出す答えを、わずか3分で分かりやすく教えてくれる人でもあります。

こういう人を先生に選ぶべきなのですが、先生は人気で生徒が何人もいることが多く、生半可な気持ちや態度では弟子に選んでもらえません。

例えば僕の場合。

——先生の会社でタダでもいいから働かせてくださいと提案する
——先生の会社で誰よりも実績を出す
——先生の勉強会には100%出席し、動画を撮影し編集する
——先生のノウハウで実績を出し、報告する
——先生にたくさんのお金を払う
——先生を精神的、物理的に助ける

このような色々なことをしてきました。

先生といっても神様ではありません。

弱点もありますし、弱みも汚さもあります。

それらを補ってあげることが重要ですし、先生と親しくなる最大の方法です。

また、先生は自分より裕福ですが、たくさんのお金を求めています。

『自分が苦労して貯めたお金を払う』

これは人間にとって、ものすごく苦痛です。

先生にとってはお金が増えるということより、その痛みを伴う行為自体が嬉しいのです。

先生に直接教えを乞えるようになれば、成功のスピードは10倍以上です。

一生かけても手に入らない成功や知識を得られる可能性もあります。

つまり、成功パターンは分野ごとに次の行為を繰り返すことです。

1：先生を見つける
2：先生をサポートして一番弟子になる
3：先生を超える
4：次の先生を探す

・ビジネス
・投資
・健康
・趣味

このような、分野ごとでOKです。

ただ、ポイントは「1人に絞り長期間一緒にいる」ということです。

恋愛でも同じで、夫婦も長くいるからこそ愛情が育まれます。

ワンナイトラブを繰り返し、相手をコロコロ変えているときに愛は生まれません。

「先生を見つけること」は自分を成長させるための絶対条件です。

あなたより「当たり前基準が高い」先生を見つけない限りは、人間の成長はストップしてしまいます。

第5章

集客から受注につなげる「確認セールス法」

反響後は単純接触効果を使ってセールスし、本気の人とアポを取る

これまでのマーケティング施策が機能して念願の反響が来ても、営業しないとアポイントにすらなりません。

そこで考えたいのは、集客と営業をセットにすることです。

まず一番最初に訪れる営業シーンは、問い合わせが入ったあとの初動対応です。

初動対応で必要なことは「1回の電話」と「7日間のメール」です。

初動対応で失敗する営業パーソンは、電話をせずに1通のメールだけですませてしまいます。

しかもそのメールには商品サービスの詳細と「何かご不明な点がございましたらお気軽にお問い合わせください」と書いてあるだけ。

営業は待ちの姿勢ではダメです。

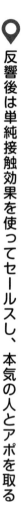

そうではなく、攻めの姿勢が必要で、初動で反響があった商品サービスの詳細と併せて「提案」をします。

例えば僕が販売しているクラウドシステムの場合だと、「営業担当者との30分のデモ説明の提案」や「社内でできる24時間の接続テスト」を提案しています。

コンサルティングの場合だと「個別診断」を、日程調整ツールを使って提案しています。

商品サービスの詳細メールを送信後は必ず電話して「メールの到着確認」をします。

到着確認と併せて聞くべきなのは「経緯」と「興味ポイント」です。

「どういった経緯で問い合わせをもらえたのか」

「どういった点に興味を持ってくれたのか」

この2つを聞いて見込み客のニーズを確認しましょう。

ただ、電話で長時間会話できればよいのですが、見込み客は忙しいものです。

まして、初対面の営業パーソンには本音を明かしてくれません。

そしてあなたの思っているほど、見込み客はあなたの資料を読み込んでくれませんので、営業資料だけで相手をその気にさせることは難しい。

そこでやるべきなのは、7日間のメールマガジンです。

問い合わせは来ましたが、見込み客はまだあなたの会社を信用していません。

そんなときは、単純接触効果（mere exposure effect）を使います。

単純接触効果とは、最初は興味がなかった物事や人でも、何度も接するうちに好きになっていく心理的現象のことです。

これは恋愛にたとえればよく分かるのですが、あなたが異性と知り合ったとします。

意気投合し連絡先を交換しました。

連絡先を交換してから1回しか連絡を送ってこない人と、交換した翌日に電話でお礼が来て、その後、趣味などのやり取りを毎日した人と、どちらとデートをしたいと思いますか？　答えは言うまでもないでしょう。

この例を出すと「どういうメールを送ればいいのですか」と言う人もいるので、解説します。

1．会社概要、代表者プロフィール、実績
2．言い訳の排除
3．成功の証明

まずは会社の信用を得るために、会社概要と代表者プロフィールと実績を伝えます。

次に言い訳の排除です。

見込み客はあなたの商品サービスを使わない理由、つまり言い訳を頭の中で考えます。

例えば、「他社のほうがいいのではないか」「使いこなせなかったらどうしよう」「時間がない」などの言い訳です。

したがって、見込み客の言い訳に対して回答をしていく必要があります。

一言で言うと「なぜ、他社ではなくあなたの商品サービスを今、選ぶべきなのか」という問いに答える必要があります。

最後は成功の証明です。

これは「お客様の声」を示すことで、大丈夫かなという不安を解消し面談につなげることができます。


反響後のセールスを怠るとアポイントにすらなりません、営業担当者に任せるだけでは、折角のマーケティング費用が無駄になります。

ですから、このように人の力に頼らずにアポイントが入る仕組みを作っておく必要があるのです。


マーケティングとは本気でない人を排除する行為でもあります。

買う気がない人に営業担当が面談することほど非効率なことはありません。

この7日間メルマガの購読を解除する人はあなたの商品サービスも買いません。

逆に7日間メルマガを読んでくれた状態でアポイントが取れると、成約率は50%を超えます。

初動の7日間以降は、最低でも1週間に1回はメルマガでフォローして、相手に忘れられないようにするのもマーケッターの仕事です。

どうすれば、社長商談で誰でも同じような結果が出せるのか

ここまでで念願の決裁者アポイントが取れても、商談で失敗すると元も子もありません。

僕の場合も、僕自身は売れるが、部下は同じような成約率では売れない。

そんな悩みが出てきて、営業研修やロールプレイングなど思いつく限りの方法を試しました。

試行錯誤を繰り返していった果ての結論はこの3つです。

1. 社長が話しているセミナー動画をあらかじめ見せる
2. 成功事例を圧倒的に見せる
3. 確認セールスにする

商談相手の社長には、営業担当者からの言葉は売り込みに聞こえます。しかし、同じ社長の立場での言葉は素直に受け取ってくれることに気づきました。

そして、事例が刺さることを発見しました。事例の取り方は第3章で解説した通りですが、大事なのは大量に用意することです。相手が圧倒されるくらいの量を示すことが重要です。

そこで、社長が講師を務めたセミナーを1回開催し、動画に収録。

このセミナー映像をDVDにして事前に配ったのです。

すると、セミナーで社長が見込み客にセールスを終えた状態で商談できるので、誰でも安定して50％以上の成約を取れるようになりました。

現在は、ＤＶＤを見る環境が少ないので、「オンラインセミナー」という形に変えています。

ただ、世の中にセミナーが乱立していますが、多くの会社は「信頼獲得型セミナー」を実施しており、参加者の満足を得ようとしています。

しかし、それでは売れません。

「顧客獲得型セミナー」を実施する必要があります。

顧客獲得型セミナーに満足は不要です。

この2つのセミナーの内容は全く異なり、必要な要素とやり方があります。

【顧客獲得型セミナー構成】

1. テーマ（○○についてお伝えします）
2. セミナーを見るメリット（ターゲットが得られるもの）
3. 自己紹介（実績、ターゲットの悩みを解決できる理由）
4. 証拠（お客様の声）
5. 問題の提起（何が問題なのか。なぜ問題を解決する必要があるのか）
6. 問題の原因（何が根本原因なのか）
7. 解決方法（抽象的な話から具体的な話へ進める。3つのポイントごとに解説する）
8. ベネフィット（ベネフィットが得られる理由を説明する）
9. デメリット（デメリットを言うことでメリットを強調する）
10. オファー（必要性も伝える）
11. 価格（特別価格・限定価格）
12. 保証（保証をつける場合）
13. 特典（特典をつける場合）

14．行動依頼（どんな人が対象外であるのか説明した上で行動を促す）

「再現性ある新規法人開拓の仕組み」を持てると、安定した事業運営が可能となります。

法人営業が上手くいっていない会社は、即効性のありそうなマーケティング手法や営業代行業者に任せます。

結果、他社依存のため継続できない。自社の力で獲得する仕組みがないから、新規開拓に苦しむのです。

自社で再現性ある仕組みを作るまでは大変ですが、一度作ってしまえば、あとは改善し継続するだけです。

セールスとは確認

セールスに関して多くの人が誤解していることがあります。

営業とはプレゼン。

つまり、話すことだと思っている人がいるのです。

しかし、それは大きな間違いです。

それでも「プレゼンテーション能力が大事なのでは」と言う人がいますが、しかし、それはこんな「人間心理」をまだ知らない人です。

人は、説得されたくない生き物。

ですから、こちらから話すのではなく、相手に語らせることが大切なのです。

売込みを感じさせずに成約を取るには、相手に語らせ、自己洗脳を促すことです。

ここまでお伝えすると「ああ、質問ね」と思われたかと思いますが、セールスとは質問ではありません。

ここは明確に否定しておきます。

なぜなら、質問してしまうと相手の答えが拡張していって、行き先が見えなくなってしまうからです。

例えば「社長の事業ビジョンは何でしょうか？」という質問をすると、相手が話したい話題であればあるほど商談に時間がかかり、終わったあとは相手から信用されるかもしれませんが、肝心の商品が売れないという罠にハマります。

したがって、商談の目的である商品に行き着かずにあなたの意図する方向とは違うところへ進んでいき、戻すタイミングを失うことになります。

さらに言えば、違う見込み客に同じ質問をして、同じ回答が返ってくると思いますか？

質問は相手の答えが無限にあるので、再現性がありません。

セールスとは話すことでも質問することでもない。
では、セールスとは何なのか。
セールスとは「確認」です。

〈あなた〉1ですか、2ですか、3ですか？
〈見込み客〉2です。
〈あなた〉では、2のAですか？　2のBですか？
〈見込み客〉2のAです。

このように、確認を重ねることで答えをセグメントしていく必要があるということです。
なぜなら、その会話は仲良くなって親友を作るためではなく、最後、商品サービスを提示して買ってもらうのが目的だからです。

だから、質問して可能性を広げるのではなく、確認してお困り事を解決するための原因特定が必要になってくるのです。

このようにセールスとは、何かを売りつけるための手段ではなく、見込み客の現状を把握し確認を通すことで、よりよい未来や人生をサポートするための行いでもあります。したがって「売りつけてお金を搾取してやろう」と考えるのではなく、その人の未来をよくする救世主だという位置づけで、たくさんのものを提案してあげてください。

なぜなら、未来を叶える選択肢を与えることであって何かを売りつけることではありませんし「選ぶのはお客様自身」だからです。

イメージとしては親近感のあるお医者さんです。
お医者さんは「薬」「手術」という商品サービスを扱っています。
それを販売するために、患者さんの状態を確認し、適切な薬や手術を提案します。
そのスタンスと同じなのです。
営業とは価値と価値の交換であり、見込み客のお困り事解決です。

ですから、見込み客の言葉の中にあなたが話すべきセールストークが存在します。

見込み客が使っている言葉、単語、言い回しに耳を傾け、相手が話してほしい言葉をあなたが話しましょう。

では、何を確認すればよいのか、解説していきます。

セールスは文化と金額の確認から

まず、商談の会話に入る前に大事な確認事項があります。

それは文化と金額感です。

多くの営業パーソンは、誰に対しても同じように自分の商品やサービスの説明をし始めてしまいます。

そうではなく、商談に入る前に相手の文化を確認する必要があるのです。

例えば、僕のようなコンサルティング事業の場合、「コンサルティングって受けたことがありますか」と確認します。

もし、受けたことがある人には「ちなみに、その先生ってどれくらいの値段だったんですか」と確認します。

そうすることで、相手のコンサルティングに対する文化と予算感を聞き出すことができます。

相手の文化と金額感を確認することを忘れないようにしましょう。

文化がない人には夢を語り、あなたの市場に入ってきてもらう必要があります。

その際は、リスクを最小限に抑えた提案やお試しが有効です。

そして、文化のある人には「上手くいっているのか」を確認し、フラストレーションを探り出すようにします。

後ほど詳しく述べますが、あなたの商品のすごさを語るのではなく、そのフラストレーションを埋める提案が必要になります。

次に、セールスで一番大切なことは「信頼」です。

いかがわしい人物から何を言われても信じないと思います。

つまり、何を言うかよりも、誰が言うかが大事なのです。

ですから、セールスの会話に入る前に信頼を構築しておきましょう。

具体的にはあなたの見た目と実績です。

例えば、売れる営業担当はビシッとしたスーツにアイロンのかかったワイシャツ、艶のある髪と肌、名刺入れ、ペン、ノートや腕時計、オンライン商談の場合は背景画像に至るまで、相手からどう見られるかを意識して準備をします。

あなたはこのような人が担当になるのと、ヨレヨレの服を着て、顔が脂ぎっていて、いかにも仕事ができない感じの人が担当になるのと、どちらがよいでしょうか？

まだ一言も言葉を発していなくても、最初の印象は大きく異なりますし、その後の会話まで大きく影響を与えます。

多くの人は、演出を一切考えることなく提案内容で勝負を仕掛けてしまいます。

そして、その勝負が往々にして惨敗に終わるのは、商談をする前に負けてしまっているからです。

あなたが優位に商談を進めるためにも、優位な立場を勝ち取る「演出」も忘れないことです。

そして、実績には2種類あります。

あなたの実績とお客様の実績です。

見込み客は「自分がどうなれるのか？」しか興味がありません。

あなたの商品には興味がない。

ですから、あなたの実績、お客様の実績（Before⇓After）を語って信頼を得ておきましょう。

この準備を整えて専門家の位置を取れると、商談を優位に進めることができます。

次に、セールスを一切感じさせずに成約を勝ち取るステップについて解説していきます。

商品を売る簡単3ステップ確認セールス法

では、商談の中盤では何を確認すればよいのか。

それは、「商品を売る簡単3ステップ」です。

あなたは、商品を売る際、何を意識していますか。

・機能
・品質
・独自性
・差別化
・メリット

他にも色々あると思いますが、複雑に考えすぎてしまうと、逆に「売れない罠」

にハマります。

その罠にハマらないためにも1つずつ説明します。

ステップ1.「願望、結果、フラストレーション、痛み、悩みの把握」

お客様は、商品を買っているのではなく、願望を叶えたいとか困り事を解決したいと考えています。

だから、商品のことをいきなり話したところでよく分からず、意味不明となるのです。

そうではなく、大切なのは、商品を売る前にまずはお客様がどうなりたいかの願望、望む結果、今、何に不満を感じているのかというフラストレーション、どんなことに痛みを感じ、深く悩んでいるのか……。一言で言えば困り事を確認することが大切なのです。

この根源さえ知ってしまえば、目の前の人に商品を売るべきなのか、それとも売らないべきなのかも見えてきます。

特に法人営業の場合は、売上アップ、コスト削減、生産性の向上など、目的が決まっています。必要だから購入されます。

まず、相手の現状を把握することです。

ステップ2．「現在の取り組みを聞いて原因を特定する」

困り事には、必ず原因があります。

その原因を把握せず、商品を提示すると信頼を失うこともあり得ます。

なぜなら、その原因を把握せずに商品を提示すると、その商品で問題を解決することができるか分からないからです。

ですから、お客様の願望や困り事を聞いたあとは、とにかくまずその原因を特定することが必要なのです。

その際に、5W2Hフレームワークを使って聞いたり、現在の取り組みを確認すると効果的です。

例えば、「セミナー集客数が上がらないとのことですが、現在、セミナー集客でどんなことに取り組んでいますか?」と、相手が今行っている取り組みを聞けば、上手くいかない原因が特定できます。

ステップ3．「解決策の提示」

ここで初めて、解決策の提示を行うことができます。

これが、お客様への切り口でもありアプローチ方法になります。

今回のステップを取らなければ、何をどう切り込んでよいのかが分かりません。

だからこそ、この3ステップの流れと順番が大切になってくるのです。

要は、商品は見せ方次第で相手に与える印象や価値は異なるということ。

まとめると、確認するべきは「現状」「理想」「壁」です。

いきなり商品の説明をするのはアウト。

商品に固執せず、まずは見込み客の願望や困り事にフォーカスしてください。

先に「現状」つまり、お客さんの願望、結果、フラストレーション、痛み、悩みを確認します。

そして「理想」つまり、本当はどうなりたいのか？　未来を確認します。

最後に、理想に到達できていない「壁」を特定する。

原因があって結果があるので、何か理想にたどり着けていない原因があるはずです。それを特定してあげます。

それが明確になれば、壁（原因）を取っ払うものとしてあなたの商品を提示します。

あなたの商品で壁（原因）を取っ払えないならば、商品を提案しないほうがよいのです。

イメージとしては「商品を売る」のではなく「商品を置く」つまり、「あなたの理想に到達できる、壁を壊せる可能性がある商品です」と言ってお客様の前に置くのです。

これを意識した見込み客との会話を簡単な例で示します。

まずは、ダメな貧乏営業マンのケースから見ていきます。

〈お客様〉最近、売上が上がらないのよ。

〈ダメ営業〉そうですか。それなら、弊社の営業代行を使えば初期費用0円、完全成果報酬なのでリスク0でBtoB特化の新規顧客開拓します。リスト収集から商談獲得まで全てお任せください！　商談1件からお試しOKです。スケジューラーを共有して待つだけ！　商談で予定をドンドン埋めます！　もしよかったら試してみませんか。


これでは、売ることができないだけでなく、嫌われてしまいます。

では、今回の3ステップを使った場合を見ていきます。


〈お客様〉最近、売上が上がらないのよ。

〈トップ営業〉なるほど……。現在、月にどのぐらいの売上なのですか。

〈お客様〉そうだね、月商500万円ぐらいかな。

〈トップ営業〉理想の売上は月にどれくらいですか。

〈お客様〉そうだね、月商1000万円ぐらいかな。

〈トップ営業〉なるほど。500万円のギャップの原因は、商談数が足りていないのか、客単価が低いのか、成約率が低いのか。そのうちのどれでしょうか。

〈お客様〉成約率が50％の営業社員がいるし、単価はこれ以上上げられないから、商談数が月にあと10件増えれば5件が契約できて目標値が達成できると思う。

〈トップ営業〉なるほど。現在、商談を増やすために取り組んでいることはありますか。

〈お客様〉営業社員が紹介営業や新規発掘活動をしているけど……。

〈トップ営業〉それなら、営業社員さんが新規商談を取る時間が減っていることが原因かもしれません。

〈お客様〉確かに、商談や顧客フォローが忙しそうで、そういえば月によって成果がバラバラかも。

〈トップ営業〉そうなんですね。このまま商談数を増やすと、営業社員さんが今まで以上に新規商談を獲得するための時間を割けなくなると思います。それならば、弊社の人間が代行して商談獲得のアプローチを行えば、課題が解決し商談数が月にあと10件増えて月商1000万円に到達できます。

弊社の営業代行を使えば初期費用0円、完全成果報酬なのでリスクゼロでトライアルができますので、ご興味ありますか。

〈お客様〉ありますね。詳しく説明してもらえますか。

〈トップ営業〉では、提案させていただきます。


いかがでしょうか。

同じ会話でも全く違った印象で、得られる結果が異なるのが分かったと思います。


ここでの最大のポイントは商品提案よりも、お客様の現状、理想、壁を聞くのが先ということです。

営業側の視点ではなく、売れる原因であるお金を払ってくれる人にとっての価値を考える視点で考える。

お客様は理想を求めていて、それが叶うのであれば買うのです。

現状も理想も壁も整理せずにクロージングするから売れないのです。

全てを整理したあとにクロージングすれば売れます。

理想に到達できないようであれば、こちらから契約をお断りするのが営業の仕事です。

この考え方でゴールから逆算して、納品、入金、契約、クロージング、反論処理、提案、ヒヤリング、アイスブレイクのメッセージを考えることによって上手くいくのです。

その結果、他社の営業が商品の宣伝ばかりの中、あなたが話すメッセージが相手の心に刺さります。

なぜなら、そこにある言葉は売るための言葉ではないから。

商品を通して、お客様の現状と理想を確認、壁を理解し、理想へ到達できるかを一緒に考える。

「お客様の立場になって考える」という考え方が営業の本質です。

本質が分かってしまえば、自分がやるべきことが分かり、自分に足りないことが分かり、改善していくことで売れるようになるのです。

反論処理ができると成約率が格段に向上する

商談の終盤で出てくるのが見込み客からの反論、つまり買わない理由です。

その理由を潰すのが反論処理ということ。

買う理由を無理矢理言い続けるよりは、お客さんが買わない理由を潰すほうが売れてしまいます。

この反論処理を間違えると、目の前まで来ていた受注がこぼれてしまいます。

反論は適切に処理していきましょう。

セールスを行っていると「お金がない」という人がたまにいますが、その人の本音というか嘘を見抜くことが大事です。

基本的に「お金がない」と言い出したら、それは嘘です。

ですから、笑顔で受け流しましょう。

「あなたに払うお金はない」という意味が含まれており、その人にとってあなたが信用信頼に値すればお金を払うケースがほとんどです。

が、しかし、本当にお金がなくカツカツの企業も世の中にはあります。

その場合は、「月1万円ならなんとか払えるのですが……」と具体的な金額を示して交渉してきます。

その場合は、本当にお金がないケースです。

そこに時間をかけても仕方ありません。

ないものはないのですから、さっさと次に取りかかるほうが賢明というものです。

だからといって、お金がないという問題を潰すセールストークはないのかといえば、そんなことありません。

「今、投資するお金はゼロなんですか。だとしたら、お金の使い道を間違えているだけです。今は浪費の比重が高いようですが、今後はお金が増えていくものに投資していかないと資産を増やすことはできません。この優先順位を変えない限り、今後、御社が成長することはありません。この先もお金がないと言い続ける企業になりますか。それともこれからは、お金に恵まれて成長する企業になりますか。ひとまず分割払いという方法もあるので、まずは初回決済し、増えてきたら繰り上げ返済してすっきりさせましょう」

このように言ってもダメな場合は、切り捨てます。

可能性のない人に時間を使うより、可能性のある人に時間を使ったほうが総体的な売り上げは上がります。

切り捨てる覚悟を持って躊躇なく言うこともセールスを行う上で大事なことなので、相手にビビらず立ち向かうことです。

それさえできれば、勢いは高まり成約をどんどん上げていくことが可能となります。

次は「本当に効果があるのか不安」という反論の処理です。

これには「保証」をつけます。

売上保証や成果保証です。

相手は返金をしてほしいのではありません、成果が出るまでサポートをしてほしいのです。

そして「今、決められない。検討したい」という反論の処理です。


〈相手〉少し検討していいですか。

〈あなた〉もちろん、いいですよ（いったん受け入れる）。でも考えても変わらないですよ。

〈相手〉はい。

〈あなた〉だとしたら……、今日決めても明日決めても同じですよ。

〈相手〉確かに……。

こういう具合に、最初は「検討したい」だった回答を瞬時に即決に変えることができます。

こういった回答は、型です。

間違った回答を出せば懸念され、後日の回答すらなくなります。

なぜなら、みんな騙されたくないしダメと言われたら反発したくなるのが人間だからです。

ですから最初の返答の際には、「もちろん、いいですよ」と受け入れることが大事なのです。

この部分が抜ければ、全ては崩壊し成約を落とします。

そして、そもそも長期検討させないためにも、商品サービスに「特典&期限をつけてワンタイムオファー」を提示してください。

「今日決めると３つの特典がつきます」

「本日限りの提案です」

「即決価格だと○○円お得です」

「一括払いだと○○円お得です」

人はお得に買いたいのです。

それでも買わないと言った相手には、契約条件をヒヤリングしてみてください。

意外と教えてくれます。

セールス担当者がやるべき1つのこと

法人営業で重要なのは、あなたの販売したいものではなく「顧客のニーズ」を優先することです。そして相手に明確な解決策を提示すれば成果が出ます。

その際に「費用対効果」が重要なキーとなりますので、当然ながら費用対効果が見込めることを相手に提示します。

ただし、そのときに見込み客に対して勇気を持って言い切ることが大切です。

もしあなたが、「なかなか言い切れない」と弱音を吐いているとしたら、セールス担当失格です。

要は、自分が信じていることを強い信念として相手に伝えられるかどうかが重要であり、大切だということ。

これはビジネスの世界でも同じです。

なぜなら、お客様は何を信じていいのか分からず、常に迷っているからです。

ですから、願望を手に入れる方法へ誘導してあげるためにも、自分の信じていることを言い切ることが大切なのです。

そして、その言い切る勇気が、見込み客に安心を与え、理想の未来へ導くことにつながります。

あなたが本気で見込み客の未来と幸せを感じるのであれば、勇気を持って、言い切ってください。

その思いが強ければ強いほど、お客様はあなたに寄り添い、託したいと感じるようになります。

特にクロージング時に見込み客が「弊社の場合は大丈夫ですか？」と聞いてきます。

「大丈夫です」

「その理由は○○だからです」

そのときは、このように自信満々に言い切ってください。

そして、見込み客は何にお金を払うのかを知ってください。

相手は「期待」にお金を払います。

だからあなたは「期待」を売るのです。

column

そもそも目的第一主義

僕には「そもそも」という口癖があります。
これはビジネスの問題と解決策を見つけるヒントになります。
問題が見つかったら1つずつ段階をさかのぼって、そもそもの確認をします。

・そもそも、何のためにこのタスクをやっているのか
・そもそも、何のために人に頼んでいるのか
・そもそも、何のためにこの仕組みが必要なのか
・そもそも、何のためにこの企画を立てたのか
・そもそも、何のために目標を立てたのか
・そもそも、何のために生きているのか

「そもそも」という言葉を頭につけて確認することによって、問題を解決するヒ

ントを見つけることができます。

常に考えるのは「目標」よりも「目的」です。

「目的」を果たすために法人開拓をする必要があります。

法人開拓をすること、売上を上げることが目的では駄目です。

例えば、売上を上げるためにあなたの健康や家族を犠牲にしたら駄目です。

なぜならば、家族が悲しむからです。

売上を上げる目的は、家族に喜ばれるためのはずです。

目的が第一に達成されれば、あなたは幸せになります。

目的が達成されるなら、売上目標を下げてもよい。

売上目標ばっかり追いかけて、目的を忘れてしまっては不幸になります。

大事なのはあなたの目的です。

最後にあなたの目的を見つけるためのヒントを出します。

マズローの欲求5段階説を聞いたことがありますか?

アメリカの心理学者アブラハム・マズローが著書『人間性の心理学』の中で提唱した、人間の欲求を5段階の階層で説明した心理学理論です。

しかし、僕は違う考えを持っています。
人間の欲求は、段階などなく並列で4つしかありません。
1つ目が「安心」
2つ目が「関係」
3つ目が「成長」
4つ目が「重要」

人間は不安な状態から安心した状態を手に入れたいと望み、行動します。
人間は寂しい状態から人との愛のある関係を求めて行動します。
人間は退屈な状態から成長を求めて行動します。
人間は劣等感を感じる状態から自己重要感を求めて行動します。

そして、人間の行動原則は、不快（嫌なこと）を避けて、快楽（好きなこと）を得たいと思って行動することです。
まさに僕がそうでした。

この４つを行ったり来たりして、その都度、生まれた欲求（感情）を満たしたいと思って行動します。

現在は子供を育てる立場ですが、子育てもこの４つの欲を育てることを意識して、子供の欲を抑えないようにしています。

もし、あなたの目的が見つからなければ、この４つのキーワードをヒントに、あなたが満たしたい欲求（感情）の優先順位を探しましょう。そして順位が一番上だった欲求（感情）を満たすように行動してみてください。

人は幸せになるために産まれてきましたし、幸せになるために仕事をするのです。

あなたの「成幸」を願っています。

あとがき　自分があると信じた世界しか実現しない

最後まで読んでいただきありがとうございました。

僕が法人営業に関わって13年が経過しました。

現在は起業し、法人開拓の仕組み構築コンサルタントとITビジネスの経営者として試行錯誤は続いています。

今でも継続的に法人開拓をしており、本書で紹介したプル型とプッシュ型を駆使して東京都のような公的機関や病院、東証プライム上場企業から個人事業主に至るまで累計2000社を獲得した仕組みを作ってきました。

しかし、これが正解だと言うつもりはありません。

世の中にはもっとよい方法があるのだと思います。

世の中に正解はありません。

あるのは「自分があると信じた世界だけ」です。

以前勤めていた会社では、主に人の時間と労力を使って法人を開拓してきました。

しかし、「労力だけに頼らず、ラクに法人開拓したい」と考え、そのような世界を実現したいと思っていました。

そして、今はマーケティングを活用することでこの思いは実現し、社員０人ですが、億単位の利益を出せるようになり、反響から面談まで自動化できるようになり、コンサルタントとしてお客さんの法人開拓の仕組みを構築するサポート側になることができました。

このように、どのような世界を信じ、実現したいのか。

あなたの思いが、大きく人生を変えます。

僕は好きな人と、好きなことを、好きな場所で、好きなだけやって、人から喜ばれる人生を歩みたいと志しています。

そして、あなたにも、ここにほんの小さなきっかけがあります。

ひとつは、方法論を否定し「マーケティングを取り入れない」

もうひとつは、とりえず「マーケティングを取り入れてみる」

初めてやることは面倒くさく、リスクを感じるかもしれません。

ただ、「やった後悔」と「やらなかった後悔」では大きく違います。

僕は初恋の同級生に、スパイダーマンを観た映画館で告白ができなかったことを今でも後悔しています。

人間は「やった後悔」よりも「やらなかった後悔」が後に大きく尾を引きます。

しかし、一歩踏み出して実際にやってみてもよい結果が出ないこともあります。

その理由は「分かる」と「できる」に差があるからです。

顧客の購買行動やニーズを分かったつもりでも、実際は違った……。

DMの書き方を分かったつもりでも、実際に書こうとしたら手が止まった……。

電話をしたけどガチャ切りされた……。


これらの現象はよくあることです。

これらが「できる」ようになるには、勉強と実践を繰り返すしかありません。

人の成長速度は人それぞれです。


本書の2章で紹介したS字曲線のティッピングポイントまでは、諦めずに量をこなし継続してみてください。

僕自身、マーケティングやセールスが大好きなので、もっともっと成長できると信じて、毎日、一歩一歩進んでいきたいと思っています。

僕は昔から多くの失敗をしてきました。

失敗の数や営業で断られた数の多さは自慢できます。

ただ、過去の僕のようにお金と時間を浪費し、遠回りをしてほしくないので、あなたを勝たせるため、僕が使っているＤＭ等のひな型をプレゼントとして用意しました。詳細は巻末の特典ページを確認してください。

この本で紹介した方法はあまり費用がかかりません。

例えば、郵送ＤＭは１通１００数十円から、紙と封筒があれば発送可能です。

投資額が小さいので大きな損失にはなり得ません。

ですから、安心して最初の一歩を踏み出してください。

本書を読み、法人営業の道に一歩踏み出そうとしているあなた。

これからも法人営業の道を歩み続けようとしているあなた。

僕と一緒に法人営業道を歩み、共に成長していきましょう。

本書があなたの人生を変えるキッカケになれば、とても嬉しいです。

最後に、株式会社SEVENTEENで苦楽を共にしたメンバー、株式会社OfficeTVのパートナーの皆様、指導いただいている先生方、ZERO1000コンサル会員の皆様、本当にありがとうございます。

皆様の実践や指導や協力なくしてこの本を書き上げることはできませんでした。

心よりお礼申し上げます。

まだまだ未熟者でご迷惑をおかけすることもありますが、これからもブラッシュアップし、もっと喜んでもらえるようメソッドに磨きをかけて、結果でお返しします。

僕の人生に関わってくださった方々に、この場を借りてお礼申し上げます。

ありがとうございました。

誠実素直　前向行動　勉強熱心

株式会社 OfficeTV　代表取締役　藤原智浩

［お問い合わせ先］
株式会社 OfficeTV
メールアドレス：info@zero1000.jp

▼著者略歴

藤原智浩

株式会社OfficeTV　代表取締役

兵庫県揖保郡太子町出身、寅年生まれ。

大阪市立大学卒業後TSUTAYAを運営するCCCに入社。

その後、学生時代に参加したセミナーでたまたま同席だった方が、マンションの一室でクラウドシステムを開発中だと聞き、上場企業を辞め株式会社SEVENTEENで起業。

金なし・コネなし・実績なしのオール0から販売を始め、テレアポを1日200件、1年間で50,000件実行するも、契約は0件。1年間、顧客獲得が出来ず理想と現実のギャップを痛感する。その後「担当者は決裁者ではない」という当たり前の事実に気づき、決済権を持つ社長へのアプローチを徹底的に研究。郵送DMを活用した顧客獲得法則を発見し、6年で1,000社の新規開拓に成功。そのノウハウを元に、最短距離で1,000社を獲得したい社長のために、[郵送DM]×[社長アプローチ]を軸にした法人集客コンサルティング「ZERO1000」を行っている。クライアントは個人事業主から東証プライム上場企業まで幅広く、短期間で集客UP・売上UPを実現している。

現在は起業から4年で年商1.2億円を突破し、億越え法人コンサルタントとして活躍中。


ゼロから始める！BtoB法人営業マーケティング　〈検印廃止〉

著　者　藤原　智浩
発行者　坂本　清隆
発行所　産業能率大学出版部
東京都世田谷区等々力6-39-15　〒158-8630
（電話）03（6432）2536
（FAX）03（6432）2537
（URL）https://www.sannopub.co.jp/
（振替口座）00100-2-112912

2025年3月15日　初版1刷発行

印刷所・製本所　日経印刷

ISBN 978-4-382-15857-3